Comunicação além do *briefing*

Carlos Parente

Comunicação além do *briefing*

© Lazuli Editora, 2011
© Companhia Editora Nacional, 2011

direção editorial	Miguel de Almeida
direção de arte e capa	Werner Schulz
edição	Tatiana Costa
diagramação	Ticiane Paschoal
ilustração	Eduardo Burato

Visite o nosso site:
www.lazuli.com.br

Acompanhe no:
facebook: **/lazuli.editora**
twitter: **@lazulieditora**

Dados Internacionais de Catalogação na Publicação (CIP)
(Câmara Brasileira do Livro, SP, Brasil)

Parente, Carlos
Comunicação além do briefing / Carlos Parente; ilustrações Eduardo Burato.–
1. ed. – São Paulo: Lazuli Editora: Companhia Editora Nacional, 2011.

ISBN 978-85-7865-050-6

1.Comunicação empresarial 2. Comunicação nas organizações 3. Crônicas brasileiras I. Burato, Eduardo. II. Título

11-08305   CDD-658.45

Índices para catálogo sistemático:

1. Comunicação organizacional : Crônicas :
Administração de empresas 658.45

Todos os direitos reservados
1ª edição – São Paulo – 2011

Companhia Editora Nacional
Av. Alexandre Mackenzie, 619 • Jaguaré • São Paulo • SP • 05322-000
Tel.: (11) 2799-7799 • www.ibep-nacional.com.br • editoras@ibep-nacional.com.br

Antonio Barros (in memoriam)
Zilma Parente de Barros

Pai e mãe, ouro de mina - como diz sabiamente Djavan, na canção "Sina".

Sumário

Prefácio	9
Comunicação muito além do *briefing*	11
Não é mole, não!	15
Deu soberba no diagnóstico	19
Galo da Madrugada	25
Resiliência, resistência e a comunicação	31
A memória que não devemos esquecer	37
Passos nos compassos	41
Choro e chororô	45
Chefe anti-murphy	51
Alternativas de vida	57
Respeito e comunicação de dentro para fora	61
Outros olhos	67
Nessa longa estrada da vida...	71
O DNA da comunicação	75
O dia em que demos bandeira	81
O mundo atual e o *background*	85
A ordem dos diretores altera o produto	89
Pelos ares	93
Folha muito corrida	99
Fora do campo visual do chefe	105
Detalhes tão pequenos de nós duas	109
Ao Bonfim por um bom fim	115

Era uma vez...   125
As pessoas e os números   129
Raízes que nos unem   135
Um antídoto para o mal do mundo   139
Sobre o autor   143

Prefácio

Comunicar muito além do *briefing* é uma proposta que muitas pessoas do mercado de comunicação estavam esperando há muito tempo, mesmo que não tivessem noção disso.

Qualquer comunicação, seja ela publicitária, seja institucional ou um simples memorando, possui sempre uma variável que poucas pessoas analisam e consideram em toda a sua extensão.

Ela transcende qualquer *briefing* ou instrução que seja transmitida pela empresa ao consumidor. Essa variável é o interno das pessoas, que transforma o *briefing* em mensagem.

Nesse particular, este livro do Carlos Parente é muito valioso e chega a ser comovedor porquanto é a experiência vivida por um jovem na sua interação profissional dentro do ambiente de grandes empresas.

É uma experiência de vida, nunca antes relatada em livros de comunicação. Essa interação é que determina as atitudes e a intensidade da comunicação. Primeiro de uma pessoa para com a outra, depois a forma como ela entende o que foi pedido.

Esse estado de espírito, ou seja, o estado psicológico com que um profissional estuda um *briefing*, determina o que ele sente vontade de dizer e os diferentes graus de aceitação ou rejeição daquilo que tem a comunicar.

A experiência vivida pelo autor é rica em relatar os dramas e comédias vividos por um comunicador no seu trabalho, como a experiência do café da manhã servido às três da madrugada ou a coragem de dizer "não" a uma promoção que implicava em viver no sertão.

É o primeiro livro que tive oportunidade de ver relatado na primeira pessoa do singular de um executivo de comunicação. Para mim foi uma experiência inédita e gratificante. Espero que também o seja para você, leitor.

Julio Ribeiro
Publicitário, escritor e presidente da Talent

Comunicação além do *briefing*

Quando terminou a noite de lançamento do meu primeiro livro – *Obrigado, Van Gogh* (Editora Peirópolis, 2007) – pensei com os meus botões: "Diz um ditado que um homem só pode dizer que passou pela vida se tiver um filho, tiver plantado uma árvore e tiver escrito um livro. Bom, então posso dizer que estou 'vivido', certo?"

Depois de um certo tempo, logo começou a me dar uma comichão. Da comichão foi para noites maldormidas. E, daí para a frente, do computador ou para o caderno no colo. Dessa "doença" repentina, novas histórias começaram a brotar em minha memória e em meu pensamento, e novos textos passaram a povoar o meu cotidiano, misturados com a minha rotina e com minha vida profissional.

Algumas pessoas, depois do lançamento do primeiro livro, me incentivaram, me assanharam, me apertaram, me intimaram até. Queriam saber quando viria o segundo. É lógico que isso influenciou, mas não foi o ponto determinante. O que culminou mesmo na concepção do objeto de certeza da nova empreitada foi a minha vontade de... contar novas histórias! E, por meio disso, passar mais um pouco de minha experiência e do que aprendi nesses anos todos.

Mas por que "muito além do *briefing*"? Porque, como aluno que já fui e como profissional de comunicação que sou, sei que muitas coisas importantes para se ter um bom processo de comunicação não são ensinadas na vida acadêmica. Não são encontradas em obras técnicas sobre comunicação.

São situações, estratégias, cuidados e detalhes que a vida ensina, que a experiência nos brinda e que gostaria de compartilhar com quem se dispuser a ter paciência de ler mais um livro meu. Sem a pretensão de ser o dono da verdade, tenho absoluta certeza de que alguma coisa aqui escrita contribuirá com alguém em algum momento. Esse é o melhor presente que posso ter.

São histórias para todos os gostos. Muitas, vivi pessoalmente, em minha trajetória profissional. Outras, me foram contadas por alunos, amigos ou colegas. Em comum, todas essas histórias mostram que os caminhos da comunicação passam por atalhos, encruzilhadas e alamedas floridas que tornam o nosso dia a dia como comunicador um bocado de coisas, menos monótono.

Isso porque a comunicação está no DNA de nossas vidas. Quem não se comunica se trumbica, já dizia o Velho Guerreiro, Abelardo Barbosa, conhecido como Chacrinha. Vivemos em um mundo que já não aceita rótulos pré-definidos. O que é bom agora pode não ser bom quando você terminar de ler este texto. Basta um comentário infeliz cair no Twitter, no Facebook, no Orkut, ou em outra rede social qualquer, a coisa espalhar-se e... pronto! Está pronto um suco de torpedo para provocar uma imagem dizimada.

As alternativas e tecnologias de comunicação multiplicam-se velozmente e novas mídias surgem com frequência. Assim, cada vez mais a comunicação torna-se um fundamento estratégico, imprescindível para qualquer empresa navegar nas águas do agitado oceano corporativo.

Descobrir o que está além do *briefing* é um exercício

contínuo e desafiador. Porque é no oculto do aparente – no significado contido em todas as mensagens que nos são passadas para a construção de um processo de comunicação – que é possível perceber a verdadeira face do que realmente precisa ser comunicado e um pouco da "alma" de uma empresa.

O que interessa é que, quando se faz uma comunicação, um valor é criado. Ao falar ou divulgar para as pessoas, esse valor é percebido. Com isso, relações são construídas em bases sólidas. Forma-se assim uma cadeia de valor – o que é bom para todas as partes.

Tudo isso pode (e deve, na minha opinião) ficar registrado. É uma memória. Considero a memória fundamental. Importantíssima. Com o registro histórico no dia a dia e o resgate da memória guardada, é possível desencavarmos oportunidades que não afloraram, reciclarmos experiências bem-sucedidas, estudarmos aprendizados de fracassos ou erros e, também, traçarmos o retrato e o contexto de uma época, um período. Nesse sentido, acho muito relevante a contribuição dos contadores de histórias, como este que vos escreve.

Espero que as histórias aqui narradas sejam úteis e ilustrativas sobre o universo da comunicação empresarial. Como dizia meu já falecido e amado pai: "Não sei por que eu leio seis jornais por dia; quanto mais eu leio esses periódicos, menos eu acho que sei do mundo".

Gostaria de agradecer imensamente o jornalista Paulo Jebali, as dicas, ideias e estímulo do casal de amigos Nelson Chapira e Érica Knoblauch, o auxílio luxuoso dos também

queridos Eduardo Souza Dantas, Luiz Márcio Caldas Junior, Lucélio de Morais, Ana Laura Sivieri, Renato de Oliveira Diniz, Kalil Cury Filho e de Rosana dos Santos Galvão, na revisão, críticas e contribuições muito preciosas.
Obrigado !

Aproveitem; a vida passa e o caminho pode ter desdobramentos surpreendentes !

Carlos Henrique Parente de Barros

Não é mole, não!

Perceber e trabalhar além do briefing (de preferência, muito além!) pode levar ao êxito no processo de comunicação.

Vida dura a de comunicador. Quando estudamos e aprendemos sobre a tal comunicação, nos inebriamos com o ideal de que teremos, sempre, oportunidade de expressar nossas opiniões ao mundo. Às vezes, isso acontece, às vezes, não, e aí o sonho e a ilusão se transformam em pesadelo.

O comunicador é o cara que vai servir para o mundo expressar suas opiniões. Em determinados casos, opiniões que podem mudar o planeta ou a sociedade, mas em outras ocasiões não são opiniões produtivas ou de valor; são palavras ao vento, coisas que esqueceremos na próxima página ou no próximo clique. A dinâmica é crescente e nem sempre manter esse equilíbrio é uma tarefa fácil.

Como dizem lá na minha terra: "Pai de santo influencia, mas não escolhe a entidade que vai baixar". De vez em quando, entra um estrupício no canal e complica todo o atendimento.

Comunicador também. É contratado e pago para informar, interpretar ou opinar. Por vezes, conseguirá influenciar, mas nem sempre é possível selecionar o que terá de comunicar. É aí que tem que mostrar o quanto é bom e o quanto pode agregar nesse show da vida (ops, não estamos falando do *Fantástico*).

Na comunicação corporativa há momentos em que há necessidade de tornar palatáveis as más notícias, e absolutamente fantásticas, únicas, inimitáveis, as boas. Ninguém quer falar o mal por si só, nem quer falar o bem só um pouquinho.

E há nisso um tremendo paradoxo, porque as notícias ruins de verdade andam mais depressa que... o quê?... má notícia.

Já as notícias boas também andam rápido. A grande diferença é que, geralmente, muitas pessoas não acreditam nelas. Daí a necessidade de reforçar, enfatizar mesmo, essas boas notícias. Um bom empurrão de comunicação ajuda os assuntos relevantes a serem reconhecidos como tal, a serem vistos de forma positiva.

Mas como fazer uma boa comunicação, seja a notícia boa ou ruim? Antes de exercitar seus dotes jornalísticos ou de escritor, seu tino investigativo ou seu lado dialético, você tem que lidar com o tal do briefing. Ao se deparar com um briefing, que muitas vezes nem é tão bom, porque o interlocutor (ou cliente, como queira) não estava tão inspirado ou não conhece o assunto a fundo, o comunicador pensa, reflete, elucubra, sofre, pesquisa, se debruça. E consegue até ter ideias que alcançam aspectos que o próprio interlocutor nem imaginava possíveis. O comunicador encontra grandezas insuspeitadas, apelos irresistíveis e, ainda por cima, com conteúdo.

Por isso, é muito importante tentar entender profundamente o que está sendo solicitado. Decifrar um briefing é uma arte, e requer observação, perspicácia, inspiração e transpiração, isso mesmo, comer poeira.

As sutilezas que se escondem em um briefing podem fazer a diferença para se gerar uma comunicação assertiva e que atenda aos anseios de quem comunica e à necessidade de informação de quem recebe a comunicação.

Tudo temperado pelo bom senso, equilíbrio e... aquele algo a mais que não sabemos explicar. Afinal, o trabalho do comunicador é complexo e tem um papel muito importante. Não é de impor sua vontade, sua estética ou sua própria ideologia. Seu trabalho é ajudar as pessoas, entidades, organizações a se comunicarem de uma forma clara, honesta e consistente com seus públicos, expressando de forma relevante as verdades e contribuindo com a sociedade. Ou não?

Deu soberba no diagnóstico

Nem tudo em comunicação é regido por relação de causa e efeito. Quase nada funciona no automático, só o débito.

Eu trabalhava numa empresa da área financeira e recebi a demanda de elaborar uma campanha para que os funcionários aderissem ao débito automático para o pagamento de suas próprias contas.

A solicitação se baseava no fato de que o débito automático gerava um custo de alguns centavos, enquanto o pagamento na boca do caixa entrava na casa dos reais. Num contingente de cerca de catorze mil funcionários, cada qual com quatro ou cinco pagamentos, eram aproximadamente sessenta mil lançamentos/mês. Isso representava alguns milhares de dinheiros que, se multiplicados pelos doze meses, perfaziam milhões anuais. Mudar aquela situação não implicava gerar receita, mas reduziria significativamente a despesa.

O argumento era tão lógico que deduzi que só estava recebendo aquela incumbência porque alguma ação de comunicação anterior não havia surtido o efeito desejado. Dos catorze mil funcionários, apenas mil e quinhentos tinham o débito automático. Cheguei para o demandante e perguntei logo: "Qual o contingente que você quer?" Ele falou: "Pelo menos a metade, umas sete mil pessoas". Soberbamente, peguei o briefing, chamei uma agência que nos apoiava e fiz uma campanha com planejamento de três meses.

Montamos uma estratégia de comunicação mobilizadora, com todos os argumentos, os prós, as facilidades do processo. A argumentação sustentava que, mesmo estando no ponto de venda, o funcionário poderia esquecer o pagamento do dia e, com a internet, o sistema poderia estar lento ou fora do ar. As ideias de conveniência e de comodidade tão trabalhadas junto ao cliente deveriam fazer sentido para o público interno. Passados três meses, o gestor demandante me liga: "Carlos, tenho uma má noticia para te dar. Tivemos apenas oitocentas adesões".

Fiquei surpreso: "Como assim?" Inquieto e um tanto perplexo, resolvi fazer o que eu deveria ter feito no início: diagnóstico da situação. Claro, afinal de contas, não se começa uma campanha com público interno ou externo sem a clareza das eventuais barreiras ou dificuldades que advêm do processo.

Resolvi fazer uma reunião com alguns funcionários após o expediente para perguntar por que não tinham aderido ao débito automático. E eles comentaram: "Carlos, você não sabia? Nós somos bancários e não podemos estourar o limite do cheque especial". É uma regra do setor. E eles relataram que anos atrás, dois funcionários da cidade X e outro da cidade Y tiveram esse problema e foram demitidos. "A gente ficou escaldado com essa história. E por estar na agência, é melhor pagar no dia para não correr o risco de eventualmente cair o débito, a gente estar descoberto no saldo e a conta estourar", explicaram.

Sem essa informação, eu faria uma nova campanha, gastaria milhares de dinheiros e jamais atingiria a meta. A questão era o mito criado e uma situação que, se não fosse alterada, não seria solucionada pela comunicação.

De posse do diagnóstico, depois de alguns dias, chegamos a uma conclusão meio óbvia, mas não muito simples na execução: o presidente deveria soltar um comunicado aos funcionários dizendo que haveria uma tolerância de um dia, pelo menos, caso a conta da pessoa estourasse. A credibilidade e a liderança do principal executivo da companhia seriam fundamentais para o convencimento do público-alvo. Sem isso, os atributos motivacionais da nossa campanha seriam insuficientes para gerar adesões.

Convencer o presidente foi uma etapa que demorou semanas. Vale dizer que esse trabalho precisou da aprovação de nossa área de *compliance*[1], o que não era uma coisa muito simples. Liberados para fazer o comunicado, elaboramos uma mensagem personalizada: "Prezado... (nome do funcionário)". Essa foi considerada a fase zero da campanha, àquela altura retomada em outros termos. A carta do presidente explicava a importância da medida para a instituição e assumia o compromisso de que as pessoas teriam uma margem de um dia para regularizar a situação sem que fossem penalizadas.

Feito isso, e usando os demais recursos de comunicação que tínhamos à mão, em três meses chegamos a cinco mil adesões. Passado um ano, enfim atingimos a marca de oito mil. Resumo da ópera: o objetivo inicial previsto para se concretizar em três meses só virou realidade com mais de um ano de processo. Por mais que a liderança tivesse assumido esse compromisso, as pessoas ficaram reticentes por um período, até verem que aquilo, de fato, poderia acontecer e que não haveria punição de imediato, para começar o processo de adesão. Como cantam Zeca Baleiro e Fagner: "Não se move uma montanha por um pálido pedido"[2]. O comunicador não pode achar que, por causa de um bom texto, da qualidade visual, da chamada, da ilustração, o processo é consistente. O buraco (da conta) é mais embaixo.

---

(1) Compliance é o dever de cumprir, e o conjunto de disciplinas para se fazer cumprir, as normas legais e regulamentares (externas e internas), as políticas e as diretrizes estabelecidas para o negócio e para as atividades da instituição ou empresa, e as normas para se evitar, detectar e tratar qualquer desvio ou inconformidade que possa ocorrer. Quando dizemos que uma empresa "está em compliance" é porque está em conformidade com leis e regulamentos externos e internos.
(2) "Palavras e Silêncios", composição de Zeca Baleiro e Fausto Nilo.

Não existe mar de rosas.

O que fica desse caso:

- É fundamental diagnosticar facilidades e barreiras que podem aparecer ao longo do processo de comunicação.
- Fique atento aos mitos e lendas que provavelmente são anteriores à sua existência naquela organização, mas que criam distorções que levam tempo para serem esclarecidas.
- Seja preciso na decisão. Neste caso, a carta do presidente foi a peça fundamental e todo o resto foi periférico. Graças à carta, conseguimos destrancar a porta, tamanha a quantidade de ferrolhos que existiam para as pessoas se protegerem.
- Ao pegar o briefing, não assuma de cara uma meta se você não tiver clareza dos desdobramentos que podem decorrer da situação vigente.

Galo da Madrugada

Como um detalhe no composto da comunicação pode tornar um café da manhã inesquecível.

Depois de nove meses de um intenso esforço, um projeto relacionado a um novo posicionamento organizacional havia sido concluído com louvor e seria oficialmente apresentado em um evento na empresa em que eu trabalhava.

A fim de reconhecer o empenho das equipes multidisciplinares, o presidente solicita a minha colaboração:

– Carlos, eu gostaria de enviar cestas de café da manhã para os membros desse projeto.

– Quando o senhor gostaria de mandar?

– Amanhã cedo, porque às 9h teremos uma reunião para apresentação do projeto e eu gostaria que as pessoas chegassem ao escritório já tendo recebido essa cesta. Detalhe: eram 16h. Outro detalhe: a cesta deveria ser acompanhada por uma carta do presidente enviada nominalmente para cada integrante da equipe. Ah, e mais um detalhe: eram oitenta pessoas envolvidas no projeto.

Como tarefa pedida é tarefa cumprida, saí correndo para contatar fornecedores, identificar uma cesta à altura da magnitude do projeto, levantar custos, etc. Passadas algumas horas, eu havia conseguido as oitenta cestas e elaborado a carta solicitada pelo presidente. Tudo o que envolvia a logística do produto parecia cumprido com rigor e exatidão.

Tudo ok com o produto. Chegava o momento de garantir que a cesta de café da manhã fosse recebida claro, no café da manhã.

Nossa equipe se pôs a pensar numa série de variáveis: o trânsito numa cidade grande, as pessoas que deixam os filhos na escola por volta de 7h, o rodízio de automóveis em São Paulo. Todas essas condições nos fizeram concluir que o ideal é que as cestas fossem distribuídas até as 6h30min. Perfeito.

Eu deleguei o processo de entrega. Alguém da minha equipe contratou uma empresa de motoboys para a empreitada. Lá pelas 21h, me veio a luz de pedir para incluir a secretária do presidente no itinerário e solicitei que ela me ligasse assim que recebesse o mimo. Tal cuidado me daria certa tranquilidade, pois era um indício de que as entregas estavam acontecendo dentro do planejado. Fui para casa tenso, mas confiante, pois a cesta escolhida era bacana, a carta tinha ficado empolgante e os endereços estavam corretos.

Às 3h30min, o telefone da minha casa toca. Era a secretária do presidente, que havia acabado de receber a cesta. Fui tomado de um pavor, imaginando o que poderia estar acontecendo em outros pontos da cidade naquele momento. E aí percebi que, ao definir que as cestas deveriam chegar <u>até</u> as 6h30min, talvez não tivesse ficado claro o período de início e finalização das entregas.

Meu sono foi para o espaço. A cabeça girava percorrendo todos os detalhes da elaboração daquela ação: "Meu Deus do céu, onde foi que eu errei?", pensava, enquanto andava pela casa. Por vezes, cheguei a desconfiar que fosse um pesadelo. "Não é possível, isso não está acontecendo. Daqui a pouco, eu vou acordar..." O certo é que fui tomado por uma série de sentimentos incômodos. De 3h30min às 7h30min foi o meu "horário de rodízio": primeiro veio o desespero, depois, a impotência e, em seguida, o desamparo. De fato, não havia o que eu pudesse fazer àquela altura. Mas estava claro que algum ruído na compreensão do horário tinha estorvado o processo.

No dia seguinte, cheguei muito cedo à empresa e já havia algumas pessoas que, olhando para mim, já saíam dizendo: "Olha o Galo da Madrugada". E os comentários se seguiram: "Na minha casa chegou às 3h45"; "Na minha foi às 4h10"; "O meu porteiro me ligou às 4h30"... Resumo:

80% das cestas foram entregues entre 3h e 5h da manhã. Com direito a episódios esdrúxulos, como o do funcionário que foi armado à portaria do condomínio imaginando que se tratava de um assalto. Ou das pessoas que não acreditaram que o presidente fosse mandar uma cesta no meio da madrugada e pensaram que fosse uma "pegadinha" (aliás, algumas nem foram pegar o presente).

No decorrer da semana, ao conversar com a empresa de motoboys, constatei que, realmente, o entendimento deles foi que as cestas deveriam ser entregues até as 6h30 (e isso não há como negar que eles fizeram). Na apuração do caso, a pessoa da minha equipe sabia que não haveria motoboys suficientes para fazer todas as entregas entre 5h30min e 6h30min, e que uma ou outra cesta poderia chegar fora dessa faixa, mas jamais imaginou que a solução do fornecedor fosse virar a noite acordando destinatários. Em termos objetivos, a melhor saída possivelmente tivesse sido a contratação de cinco empresas de motoboys, cada qual responsável por dezesseis entregas num determinado perímetro. Em termos de comunicação, há vários aprendizados proporcionados pelo episódio:

- Bom senso não é senso comum. Aquilo que supostamente parece lógico para a maioria pode não ser visto da mesma forma por alguém que tenha de tomar uma decisão durante um processo. Do mesmo modo, se a mensagem não ficar clara, a possibilidade de uma interpretação equivocada (e de um absurdo acontecer em decorrência disso) aumenta consideravelmente.

- É preciso estabelecer o processo e acompanhar o que delegou.
- Às vezes, você pensa num monte de variáveis, mas deixa de amarrar a conclusão com a equipe. "Não pode chegar depois de 6h30min" é diferente de "é preciso chegar entre 5h30min e 6h30min".
- Nunca é demais checar se a mensagem foi de fato compreendida.
- Não adianta cuidar do produto e descuidar do processo. A logística, que acaba sendo o aspecto de menor prestígio ou só a ponta do processo, pode tornar todo o esforço inócuo.

Cabe ressaltar que a iniciativa teve um saldo positivo, porque a cesta era extraordinária, a carta estava bonita e as pessoas ficaram de fato surpresas com o gesto (mas 4h30min definitivamente não é hora de pão com geleia).

Do ponto de vista pessoal, posso considerar que o saldo foi mesmo positivo, até porque eu poderia ter perdido o emprego. Por sorte, a confusão foi tratada de maneira bem-humorada na empresa – ainda que o apelido de Galo da Madrugada tenha me perseguido por mais de ano.

Mas não posso me queixar. Valeu pelo aprendizado.

Lição nº 1: Se você está administrando o composto, tem de cuidar com igual esmero de todas as variáveis.

Lição nº 2: Quando você deixa a mensagem clara, ainda assim a compreensão varia porque depende da interpretação das pessoas, imagine quando não a deixa clara.

Durante anos, sempre que tomava café da manhã, eu me lembrava disso.

Em tempo: Galo da Madrugada é também o nome de um tradicional bloco carnavalesco de Recife. Ele vai para a rua, todos os anos, no sábado de carnaval, no bairro de São José, no centro de Recife. Segundo o *Guinness Book* – o livro dos recordes –, é o maior bloco de carnaval do mundo. Em 2009, o desfile do bloco Galo da Madrugada arrastou mais de 2 milhões de foliões. O bloco foi criado por Enéas Freire, em 1978, e surgiu na rua Padre Floriano nº 43, no bairro de São José.

Resiliência, resistência e a comunicação

Novos desafios surgem a todo momento para os profissionais de comunicação.

O mundo corporativo pode reservar constantes surpresas. Continua sendo muito usada a expressão "vestir a camisa" da empresa e dar o máximo resultado possível. No entanto, no frenesi dos negócios globalizados, muitas vezes o escudo e a cor da camisa mudam rapidamente, assim como a maneira de jogar e os objetivos.

Os processos de fusão e aquisição e as reestruturações estão entre os momentos mais críticos de qualquer companhia. São períodos bastante conturbados, pontuados por indefinições e que normalmente geram um ambiente propício para toda espécie de ruídos. Durma-se com um barulho desses, porque o eco amplifica angústias, medos e entendimentos distorcidos.

Um dos maiores fantasmas é o medo do desconhecido. Isso mexe com o nosso corpo e o nosso espírito, e nos deixa na defensiva. As pessoas nem sempre estão dispostas a se esforçar por algo que não sabem claramente o que é, nem o que vão ganhar com isso. Nesse caso, cabe aos gestores do processo transmitir as informações necessárias para que todos compreendam que as coisas estão mudando. E que a mudança é inevitável e é preciso trilhar um novo caminho, independentemente de a estrada estar pavimentada ou esburacada.

"Daqui pra frente, tudo vai ser diferente"... Somos confrontados com essa máxima muitas vezes em nossa vida corporativa. Para encararmos essa situação, é importante prestar atenção em duas palavrinhas que as pessoas ouvem sempre, mas que somente nesses momentos de mudança é que vivenciam.

Resiliência e resistência

A resiliência pode ser definida como a habilidade de absorver altos níveis de mudança, com uma mínima disfunção comportamental. Essa capacidade faz com que as pessoas recuperem o seu equilíbrio mais rapidamente, mantenham um maior nível de produtividade, permaneçam física e emocionalmente saudáveis, alcancem seus objetivos e compreendam os impactos da mudança.

Nos processos de integração, são três os fatores críticos para que sejam bem-sucedidos: atuação das lideranças, desenvolvimento de uma nova cultura organizacional e estruturação de um projeto com amplo envolvimento de todos.

Quando duas empresas se fundem ou quando uma empresa adquire outra, fatalmente será criada uma nova cultura, resultante de uma miscigenação entre as duas. Não há cultura global, cada qual possui suas peculiaridades e idiossincrasias.

O significado de integrar é completar, tornar inteiro. A partir desse princípio, construir uma cultura é chegar ao consenso e praticar um determinado conjunto de valores. Mas a tendência das pessoas é achar que tudo aquilo que está de acordo com a cultura que vivenciam é bom e normal. Na mesma ordem, tudo aquilo que for diferente tende a ser encarado como ruim e anormal. E aí entra a resistência.

Por isso, um processo de integração é sempre uma tarefa de grande complexidade. Requer total atenção da alta gestão, que deve levar em conta o impacto no negócio, na imagem e no desenvolvimento da organização e eventuais perdas necessárias.

E a comunicação com tudo isso?

A função da comunicação é apoiar o processo de integração, garantindo a coerência da mensagem e oferecendo às pessoas as informações e o suporte de que elas precisam:

- Contexto
- Visão (onde se quer chegar e quais os benefícios)
- Objetivos da mudança
- Pontos fortes e pontos vulneráveis
- Ligação enquanto equipe e espírito comum
- Papel de cada um
- Suporte que todos terão

Para viabilizar o fluxo de informações, os profissionais de comunicação precisam estabelecer um *mix* de veículos e mídias que atenda todas as necessidades de comunicação do processo de mudança e de integração, deixando claro o papel de cada veículo e a sua forma de funcionamento e divulgação.

Mas o fundamental é trazer informações relevantes e úteis para todos. Divagações não são bem-vindas nesse momento. A informação transparente e objetiva é o que garante o sucesso do entendimento da nova estratégia.

O desafio é ir também além do escrito e do circunscrito. E nesse momento é crucial que o comunicador tenha a sensibilidade para encontrar a dose certa na emissão das mensagens. As circunstâncias (e o bom senso?) exigem a máxima consideração com os colaboradores (ou funcionários ou empregados, cada empresa chama de uma forma), que - nunca é demais lembrar - são os maiores parceiros na fase que se inaugura.

Cada etapa tem seu tempo e não é papel da comunicação acelerar a pulsação já normalmente alta nesses períodos. Decerto, achar a medida exata não é tarefa simples, mas a virtude está na sensibilidade em identificar o ponto de equilíbrio em que não haja sonegação nem sobrecarga de informações. Tudo tem seu tempo.

O processo só se consolida com a alternância estratégica entre o ato de informar o novo e o de reforçar conceitos. E, nesse passo, contribuir para a construção de uma nova cultura organizacional, que será elemento primordial na formação da identidade da nova organização.

A memória que não devemos esquecer

Na imensa arca de coisas modernas, high-tech e "in" que temos à disposição hoje em dia, falar de memória pode parecer bobagem no processo de comunicação. Ledo engano.

Estamos em um mundo que conhecemos cada vez menos. O estoque incomensurável de conhecimento acumulado, a quantidade desmedida de novas informações por minuto e a multiplicidade de novidades que invadem as nossas mentes e todas as nossas telas e ouvidos encerram para qualquer ser humano o desafio descomunal de se atualizar a cada piscar de olhos.

O absolutismo despótico do "urgente + agora + já viu + já soube" traz inclusive um mau humor e um estresse que não sabemos de onde vem, mas sentimos. E nessa ditadura da informação vamos espremendo as sofridas e maltratadas 25 horas (ops!), quer dizer, 24 horas de que dispomos.

Nesse turbilhão, falar em construção diária, em tijolo por tijolo, em registro histórico e, principalmente, em memória – seja institucional, corporativa, pessoal, familiar – soa quase como uma heresia. Aliás, é uma heresia, aos olhos desse mundo que nos cerca. Afinal, para que falar de memória? O futuro está logo ali, a uma distância de alguns cliques, ou alguns toques, ou alguns... sei lá o quê!

Memória... Esse universo tão amplo, tão rico, tão imponente e, ao mesmo tempo, tão difícil de guardar. Não cabe toda no bolso, na cabeça, num chip ou numa máquina. É onipresente, avassaladora e efêmera...

Efêmera, muitas vezes, por falta de registro. As pessoas não parecem dar muita atenção ou muito valor aos registros históricos, ao realce do relevante. Talvez porque a novidade hoje se transforma, cada vez mais rapidamente, na velharia de amanhã.

E a novidade é tão... confusa! Daqui a pouco, já não é mais novidade e vira lugar-comum. Mas, hoje, as pessoas não se apegam ao novo e sim à novidade. Valorizamos o update, e não o conhecimento, a experiência, o saber.

No fundo, nessa sociedade do efêmero, falta identificação. Não nos identificamos com valores universais, com os ideais de um mundo melhor. Faltam vínculos.

Mas eu considero a memória fundamental. Importantíssima. Com o registro histórico no dia a dia e o resgate da memória guardada, é possível desencavarmos oportunidades que não afloraram, experiências bem-sucedidas, aprendizados de fracassos ou erros e, também, o retrato e o contexto de uma época, um período.

Muitos poetas louvam a relevância da memória, mas a memória não está só nos rompantes geniais da magia da palavra, também está (ou deveria estar) nas empresas que buscam aperfeiçoar-se a cada dia.

Em minha experiência profissional no mundo corporativo, muitas vezes foi possível resgatar ideias brilhantes ou erros retumbantes e reaprender com tudo, para seguir em frente com novas ideias ou novos projetos e vislumbrar resultados lá na frente. Partindo de um olhar do passado.

É fundamental o registro, bem feito, da memória estruturada. Afinal, quantas coisas que pareciam perdidas são estimuladas pela sabedoria da luz quando conseguimos resgatar informações valiosas? Não podemos deixar de lado essa importante fonte de informações.

Passos nos compassos

Como a música influenciou o modo como vejo a comunicação.

Cresci num ambiente cercado por muitos livros e muitos discos. Estimulado por meu pai, desde cedo eu tinha o hábito de comprar discos de MPB. E ouvíamos juntos, lendo e interpretando as letras. Dos dez aos dezesseis anos, foram incontáveis as horas que passei fisicamente com meu pai e meu irmão e poeticamente na companhia de autores como Chico Buarque, Milton Nascimento, Caetano Veloso e Gilberto Gil, entre tantos outros.

Fui conhecendo os demais gêneros musicais, e assim passávamos tardes e tardes ouvindo de MPB a rock progressivo, de samba a música clássica. Com o ouvido mais apurado, descobri uma brincadeira que passou a ser um dos meus maiores divertimentos: identificar os instrumentos que estavam na música, o baixo, a bateria, aquele triângulo tocando lá atrás, a função do sintetizador no arranjo. Ficava horas tentando descobrir o que compunha a tessitura daquela sonoridade, o que provocava aquela sensação mágica nos meus ouvidos e na minha alma. A minha percepção é de que som tem cor. Não é à toa que existe A Cor do Som, e o nome dessa banda sempre fez sentido para mim.

Sou muito grato à minha família por esse exercício e principalmente ao meu irmão, a quem dedico este pequeno texto e que hoje atua na área musical. Ele cursou Engenharia, carreira que se encerrou no dia da formatura, quando entregou o diploma para meus pais e disse: "Missão cumprida. Agora eu vou para a música". Na infância e na adolescência, eu e meu irmão ficávamos horas tentando desconstruir uma música. Uma vez pronta, tentávamos imaginar como aquela canção tinha nascido, se teria apenas sido dedilhada no violão, ou como o letrista havia confeccionado aquelas estrofes.

Essas lúdicas viagens pelos sons, por incrível que pareça, me ajudam no mundo acadêmico e no mundo da comunicação. De forma silenciosa (primeiro para não parecer pretensioso, segundo para não parecer louco), muitas vezes faço o exercício da desconstrução da comunicação, antes de ela estar finalizada. Para perceber se o composto dos instrumentos que vai gerar aquela tessitura ou aquela sonoridade está em linha com o objetivo que se quer atingir.

Assim como uma orquestra, absolutamente sincronizada numa peça sinfônica, ou uma banda de jazz, que passa a improvisar em cima de um tema, é possível estabelecer analogias com a comunicação. Quando é preciso seguir fielmente a partitura? Em que ocasiões o improviso é permitido? Quando você vai deixar aquele instrumento se sobressair? Quando explorar o talento de um virtuose, que pode ser um gestor com grande capacidade de captar a atenção da pessoa e passar a mensagem com credibilidade? Que sonoridade você vai buscar para conseguir um determinado efeito?

Da batida contagiante do Olodum, que coloca a plateia numa vibração atávica, até a orquestra no parque, em que as pessoas parecem caminhar juntas pelas ondas sonoras, a música exerce um grande fascínio em mim. E influencia a maneira como eu enxergo a construção de um plano de comunicação.

Se o composto da comunicação tiver a força da estrofe, do verso impactante, do naipe de metais ou do riff da guitarra, carregará a condição de mobilizar as pessoas para uma campanha de incentivo, para uma premiação de final de ano, para o início de uma força-tarefa ou para um evento comemorativo.

Da mesma forma que o músico desenvolve o ouvido musical, o profissional de comunicação deve apurar a sensibilidade para ouvir a pulsação da organização, do cliente, para que consiga vibrar numa sintonia harmoniosa. Em equipes, também é preciso ter esse ouvido para sentir se está todo mundo no mesmo compasso, se não há dissonância na compreensão da mensagem e, dessa forma, estabelecer o bom andamento da obra.

Ouvir é uma palavra preciosa. Diz um ditado que Deus nos deu dois ouvidos e uma boca para que pudéssemos realmente exercitar mais o dom de ouvir. No mundo corporativo, quando damos oportunidades para as pessoas se manifestarem – seja por encontros presenciais, por e-mails, por meio de acesso a uma ouvidoria interna e até pelas famosas pesquisas de clima – estamos contribuindo para que elas cresçam junto com a empresa. Para a comunicação, é uma riquíssima fonte de saber. Devemos sempre beber dessa fonte.

Choro e chororô

*Na hora de mudanças organizacionais intensas,
é bom lembrar-se de Gilberto Gil.*

Já passei por seis aquisições. Duas como comprado e quatro como comprador. Por ter a experiência dos dois lados do balcão, acredito compreender em parte os sentimentos que tomam conta das pessoas nessas ocasiões. A sensação mais comum é de insegurança em relação ao próprio emprego, especialmente forte naqueles funcionários que carregam o crachá da empresa por anos a fio.

Muitas vezes, a pessoa dorme em uma empresa e acorda sendo comprada por outra. Dorme com um sobrenome e acorda com outro. Descobre que mudou o logotipo da empresa, que agora não se chama A, se chama B. Quando a marca é absorvida e deixa de existir, uma parte da história da empresa parece estar indo embora – e junto uma parte da história da pessoa na empresa.

Nesse sentido, a marca tem uma simbologia muito mais profunda do que se imagina. Porque as pessoas se ligam umas às outras, mas também se ligam às marcas, gostam de ser representantes daquela "tchurma" por trás daquela bandeira, daqueles signos, daqueles valores.

Essas mudanças empresariais costumam dar um chacoalhão também no campo dos afetos. De repente, os amigos que dividiam a mesa nos almoços, que jogavam bola depois do expediente, foram dispensados ou ficaram espalhados em diversos endereços. O que era rotineiro e familiar é substituído por incertezas: Como serão as novas relações de trabalho? Qual o perfil do novo chefe?

Não bastasse, ainda sobra algum incômodo de ordem prática, como o escritório, que era próximo e passou a ficar a mais de uma hora de casa.

Todas essas dimensões expulsam a pessoa da zona de conforto. É preciso resiliência e capacidade de se adaptar rapidamente ao novo contexto.

Na maioria das vezes, é possível superar essa fase. Acordar no outro dia e pensar "é isso mesmo, é o mundo corporativo, é a globalização, só está começando, não é a primeira nem será a última". Porém, com todo o pragmatismo que a ocasião requer, é preciso respeitar a tristeza das pessoas.

E uma música de Gilberto Gil sempre vem à minha mente durante esses processos. É "Chororô", de 1978, cuja letra distingue o choro baixinho do chororô.

"Quando uma pessoa chora seu choro baixinho
De lágrima a correr pelo cantinho do olhar
Não se pode duvidar da razão daquela dor
Não se pode atrapalhar
Sentindo seja o que for"

Na estrofe seguinte, o poeta estabelece a diferença:

"Mas quando a pessoa chora o choro em desatino
Batendo pino como quem vai se arrebentar
Aí eu penso que é melhor
Ajudar aquela dor
A encontrar o seu lugar
No meio do chororô"

Esses versos me ajudam a refletir sobre processos de fusão e aquisição e em mudanças organizacionais. Quando o choro é baixinho, a razão da tristeza não é porque a empresa era azul e agora é vermelha. Quando o anúncio na revista não tem mais as cores que remetiam à zona de conforto, é como se fosse um processo de morte, de transição. É preciso administrar o luto e, em seguida, vislumbrar as oportunidades. Isso não quer dizer que durante o processo de luto, o choro não venha de vez em quando. Por mais triste que seja o velório, ele tem o papel de materializar o rito da passagem.

Mas esse é um choro baixinho, eu volto para casa e a lágrima corre pelo cantinho do olhar. Passa, como tudo passa.

Agora, algumas vezes num processo de fusão ou aquisição, a "pessoa chora o choro em desatino, batendo pino como quem vai se arrebentar", perde o eixo, não aceita a mudança e vira um líder negativo. É como se, passado um mês do enterro, ela continuasse negando: "Não, não morreu".

Se ela não consegue enxergar um novo significado, um novo sentido, se entra no choro do desespero, cabe ao gestor intervir. Um caminho é ajudar aquela pessoa a achar o choro no meio do chororô e acalmar os ânimos. O outro é perceber que a adaptação vai demorar tanto que talvez não valha a pena continuar com aquela pessoa – até pelo próprio bem dela, poupando-a de conviver com aquele processo desgastante.

Onde entra a comunicação nisso? Ela cumpre o papel fundamental de respeitar ritos de passagem. Eu trabalhei numa empresa que havia comprado outra com um contingente de funcionários muito maior. No momento de definir os veículos internos, a decisão de como seria a revista interna foi por um *mix* entre o veículo da primeira empresa com o da comprada, em respeito ao histórico das pessoas. Mesmo assim, a publicação mudaria o nome, a linha editorial, as cores – uma reformulação forte, enfim. Antes, tivemos o cuidado de entrevistar pessoas de ambas as empresas, identificar os atributos com os quais elas se reconheceriam e lançamos uma campanha para a escolha do nome da nova revista. Perto do lançamento da primeira edição, almocei com um amigo, que era terapeuta organizacional. Papo vai, papo vem, ele me parabenizou pelos avanços conseguidos até ali, perguntou como eu tinha conseguido, respondi que já havia sido "comprado" antes, já tinha sofrido na pele aquelas agruras (rs, rs). Ele me perguntou se podia me dar uma dica.

– Você já está com o número 1 da revista pronto?
– Quase.
– Dá tempo de escrever uma matéria?
– Dá.
– Desculpe a pretensão, mas a primeira matéria da revista será para contar a história das revistas anteriores das duas empresas. Destacar os momentos mais importantes, valorizar a importância daqueles veículos na história das empresas e terminar assim: "Agora acabou. A partir de agora, o veículo que simbolizará essa união será este".

Preparei o artigo, que estaria na abertura da nova revista. Ele fez sentido para mim por ajudar a fazer o rito da passagem, a administrar o choro baixinho, a entender que as pessoas precisavam de um momento para manter a retrospectiva e vislumbrar a chegada do novo.

Foi um velório de três páginas, mas que também sinalizava a estrada para seguirmos juntos, o que seria importante no processo de integração daquelas organizações. Durante os cinco anos que eu trabalhei nessa empresa, foi um dos textos daquela publicação que mais recebeu elogios. A recompensa maior, porém, foi que vários funcionários o citavam como um exemplo de respeito às pessoas. Nesse momento, a lágrima no cantinho do olho deu lugar ao sorriso no cantinho da boca.

Chefe anti-murphy

Antever problemas e cuidar minuciosamente dos detalhes são atributos fundamentais para não deixar a comunicação ficar no escuro nem no fundo do poço.

É incrível como algumas pessoas têm o dom de enxergar coisas que muitas vezes nos escapam. Certa vez, eu estava cuidando de um evento para três mil pessoas, na cidade mineira de Betim.

E uma hora e meia antes do evento, o meu chefe me procura:

– Carlos, está chovendo muito, estou preocupado com a possibilidade de faltar energia.

Eu olhei para ele:

– Nós tínhamos pensado nisso, o pessoal do hotel garantiu que haverá uma contingência. Eles têm gerador, não é *full*, mas algumas luzes laterais ficam acesas. Consideramos que estamos cobertos.

– Será? Com três mil pessoas, se faltar luz, será que não pode gerar algum pânico, algum corre-corre?

– O que você sugere?

– Vamos comprar aquelas lanternas grandes à pilha, no supermercado tem, é só atravessar a estrada.

– Tudo bem.

Confesso que achei exagero, mas fui lá. O hotel ficava a 1,5 quilômetro da passarela que ligava o hotel até o tal supermercado. Aqueles 3 quilômetros de ida e volta não eram exatamente a ginástica que eu estava a fim de fazer, especialmente a poucos minutos do início do evento. Mas voltei com os dois trambolhos.

A atividade começa e a minha expressão carrega certo desdém. "Meu Deus do céu, se eu for pensar em absolutamente tudo o que pode dar errado, vou precisar colocar uma pessoa em cada banheiro, caso alguém passe mal lá dentro".

Dez minutos de evento e puff... Acaba a energia. O sistema de emergência é acionado, mas o gerador não entra. A única luz no salão era a comprada no supermercado, para regozijo do meu chefe, que passou por mim com um sorrisinho. O blecaute durou quarenta longos minutos.

Lição aprendida.

Passados alguns anos, de volta à sede da empresa, estava eu absorto nas minhas atividades, quando sou chamado pelo pessoal da administração predial. Como o edifício estava com um fluxo de mais de quatro mil funcionários, me informaram que elevadores inteligentes haviam sido importados para dinamizar o tráfego de pessoas.

– Carlos, os elevadores estão chegando, por favor, solte um comunicado bem legal informando que a inauguração será no dia tal.

A data seria dali a um mês. Preparei o comunicado interno, simples, banal até. Antes de soltá-lo, meu chefe, o mesmo do evento em Minas Gerais, passa por mim:

– Você tem certeza de que os elevadores serão mesmo inaugurados na data em que eles estão prometendo?

– Olha, a informação veio de quem cuida da questão, é a fonte com mais credibilidade para tratar do assunto.

– Pois é. Se você assumir uma data com tanta antecedência e acontecer algo, o responsável pela comunicação é quem definiu a data. Independentemente de você estar representando a área B ou a área C; quem morre é o mensageiro.

Fiquei com aquilo na cabeça, achei certo exagero, mas ponderei que, de fato, se anunciássemos algo que não viesse a acontecer, qualquer informação posterior poderia gerar aquela sensação de "É isso mesmo?", "Será que vai ser?"

Depois de uma noite maldormida, resolvi soltar a mensagem de que "em poucas semanas" teríamos a inauguração dos elevadores. A divulgação da data exata ficaria para as vésperas do fato, evitando qualquer tipo de frustração.

Passados quinze dias, procurei a turma da administração predial:

– Olha, estamos aí bem próximos da inauguração, estou querendo soltar um comunicado mais assertivo, com a data definida.

– Carlos, você não soube? Os elevadores ficaram presos no porto de Santos, devido a uma greve da aduana e não estamos conseguindo a liberação. O prazo que nos foi passado ontem à noite é de 75 dias.

Eu voltei à minha mesa, estarrecido: "O que mais eu peço para esse chefe? Os números da mega-sena? Qual a essência da vida? O que está dentro do Santo Graal?"

Reconheci que temos de nos curvar diante da experiência e, mais do que nunca, ter em mente que credibilidade é um pilar de que não se pode abrir mão, ainda mais quando a garantia não está com você.

Obviamente, meu chefe soube da questão. Nos três meses posteriores à data "original" da inauguração – quando de fato os elevadores foram liberados –, ele passava por mim e dizia:

– Carlos, e os elevadores, quando inauguram?

E saía com o sorrisinho no rosto. Eu sorria do lado de cá também para não perder a compostura e nem me deixar irritar pela piada. Mas, na verdade, minha vontade era só utilizar a escada, para não cruzar com o meu chefe na área de espera do elevador.

Mas, de fato, tive de reconhecer que divulgar a inauguração de elevadores inteligentes não teria sido a decisão mais inteligente.

Qual a reflexão que fiz a partir desse episódio? Muitas vezes, as pesquisas sobre os veículos aferem índice de leitura, de compreensão, de recebimento, se as pessoas usam aquelas informações no dia a dia. Perfeito. Tudo isso é fundamental para o profissional de comunicação, seja numa pesquisa com o público interno, seja numa auditoria externa para ver a imagem da empresa perante *stakeholders*.

Porém, talvez uma questão no meio dessas perguntas devesse ter o destaque necessário: "Você acredita na informação que recebe?"

Garantir a entrega, a compreensão, a linguagem, o veículo certo, cá para nós, é condição *sine qua non* do nosso papel. Também é fundamental, além de tudo isso, avaliar se o público-alvo acredita na informação que recebe. Esse é o ponto essencial que garante a ação ou a reação desejada com aquela divulgação. As pessoas só mudarão de atitude, só seguirão uma norma, só entenderão um procedimento, só absorverão um conceito se acreditarem em quem emite aquela determinada mensagem. E é no dia a dia que a comunicação corporativa constrói essa reputação – inclusive cuidando com rigor de detalhes, como uma simples data de inauguração de elevadores.

Alternativas de vida

*Olhe, pondere, decida. Muitas vezes, dizer "não"
é uma forma de dizer "sim" para os seus sonhos.*

Um belo dia, meu gestor me chama e, na lata, fala: "Carlos, nós decidimos que você vai para a obra". A tradução em termos práticos era: passar três anos como *trainee* de gerente administrativo-financeiro numa barragem no interior do Maranhão.

Ao receber tal notícia, meu corpo gelou no verão de Salvador. Afinal, não havia espaço para o diálogo. Eu tinha acabado de me formar e atuava na área de RH de uma construtora de grande porte. Trabalhava na sede, o que não condizia muito com a cultura da empresa, porque atuar naquele local era uma espécie de prêmio para quem já havia ralado por vinte ou 25 anos em obras espalhadas pelo país ou mesmo pelo mundo.

Mas aquela imposição do chefe condizia menos ainda com as minhas ambições acadêmicas. Eu projetava um futuro em salas de aula, mas o que tinha como perspectiva de carreira naquele momento era ficar num lugar em que sequer chegava sinal de televisão.

Fui para casa desestruturado emocionalmente. E não esqueço as palavras do meu chefe: "A gente acha importante para sua formação. Enfim, é uma decisão da organização. Você não tem alternativa". Aquela expressão "não tem alternativa" me consumiu o final de semana inteiro. Domingo à noite, já padecido com a música do *Fantástico*, meu pai percebe a minha desolação. "O que você tem?"

Eu contei a história e ele falou: "Como você não tem alternativa? Claro que tem. Você pode e deve conversar, debater e, no limite, dizer 'não'".

Foi o que fiz. E saí da empresa. Falei com amigos que me ajudaram a me recolocar e a sair daquela encruzilhada. O que poderia ser vela e caixão na minha carreira naquele momento, por abrir mão de uma das empresas mais famosas da minha cidade, foi libertador também.

A lição é que podemos dizer "não" para as coisas. "Não" para aquela decisão errada, com a qual não concordamos porque há um desvio ético ou porque achamos que aquele não é o caminho a ser seguido. "Não" para aquela oportunidade de emprego que possa pagar mais, alavancar a imagem, mas que vá comprometer a nossa qualidade de vida e a relação com a família.

Dizer "não" é libertador, só que, por variáveis do emprego, da função, de não decepcionar o chefe, nos consumimos achando que a situação não oferece alternativa. Há, sim, alternativa e, mais que isso, as escolhas não são definitivas. Se eu tivesse dito "sim", não significaria necessariamente que a minha vida iria descambar de obra em obra pelo interior do país e eu nunca mais retomaria a minha vida acadêmica. É importante sabermos fazer as nossas escolhas e termos o livre arbítrio – claro que ponderando sempre os prós e os contras, o momento que estamos passando e os objetivos de vida.

Para o profissional de comunicação, essa postura é ainda mais relevante. Porque ele diariamente lida com informações, com o consumidor, com a imprensa, com a comunidade, com o funcionário, com a família. Está sempre no fio da navalha. E, muitas vezes, tem de dizer "não", no sentido de analisar todas as variáveis para salvaguardar a imagem da empresa, de garantir a clareza da mensagem, de não se submeter a posições que não conseguirá defender depois.

Esse episódio é emblemático porque hoje eu olho com certa graça para as horas de sono que perdi por me achar encurralado. Na vida, definitivamente, as oportunidades aparecem. É claro que o mercado não é fácil, nem sempre está comprador. Há decisões a serem tomadas que muitas vezes envolvem a família e, com o passar dos anos, isso se torna mais complexo. Mas é possível dizer "não".

E aquela reflexão que parecia tão óbvia, na época só foi possível com a ajuda de meu pai, pois eu estava com a visão nublada pela suposta falta de alternativa. Vi que não precisava ficar refém daquela situação. Não quero aqui lançar uma campanha "pró-não" ou "pró-sim", mas ponderar que pode haver possibilidades além do que se apresenta imediatamente aos nossos olhos. O mundo gira, as pessoas se encontram, tanto que esse meu chefe, por coincidência, virou um parceiro meu décadas depois, e fizemos trabalhos juntos.

Minha vida poderia ter tomado outros rumos se eu tivesse dito "sim". E às vezes fico até imaginando o que teria acontecido. Mas decisão tomada, decisão acertada. E como diz o dito popular: Quem decide pode acertar ou errar, quem não decide já errou.

Respeito e comunicação de dentro para fora

Esses dois elementos vitais no âmbito corporativo – respeito e comunicação – só trazem benefícios às empresas quando andam lado a lado.

Virou um axioma do meio empresarial a afirmação de que os funcionários "são o principal ativo de uma organização".

Mas como isso se coloca na prática? Como sair do discurso e transformar essa proposição em algo tangível?

Não sei todas as respostas, mas sei que a comunicação tem um papel de grande relevância nesse movimento, a fim de informar, formar, conscientizar e engajar as pessoas. O ser humano, quando dispõe das informações necessárias, tende a ter mais segurança em sua atuação e nas suas relações.

Dois conceitos são fundamentais para esse processo transformador:

1º - A comunicação de "dentro para fora", privilegiando o público interno.

2º - O respeito permeando todo o relacionamento da empresa com os funcionários.

Nos últimos anos, as organizações perceberam a importância de ter um ambiente positivo e o quão imprescindível é contar com pessoas motivadas, capazes de gerar sinergia, alto desempenho e, na ponta, clientes satisfeitos. Esse movimento de valorizar o "de dentro para fora" nas corporações se ampliou, enfatizando também o movimento inverso, ou seja, de fora para dentro, que já vinha, ao longo dos anos, reconhecendo as empresas que têm práticas e políticas diferenciadas em relação ao capital humano. A existência de nexos entre o fator humano e os resultados dos negócios se tornou bastante evidente.

Há casos, históricos, de empresas que lançam produtos ou serviços ao mercado sem ter comunicado inicialmente aos funcionários. Aí acontece de uma pessoa, cliente ou não, ligar para o *call center* da empresa para solicitar informações um pouco mais aprofundadas sobre o produto ou serviço, e o atendente sabe tanto ou menos do que quem está ligando...

Por isso, respeito é bom e eu gosto. Muitos são os elementos que constituem um bom processo de comunicação, mas se tivesse que apontar o primordial, aquele que forma o DNA dessa jornada, não hesitaria em eleger o respeito. É esse fator que está no centro da relação entre a empresa e os funcionários e que demanda um olhar mais apurado.

Comunicar em primeira mão, para os funcionários, o lançamento de um produto ou serviço, um projeto, uma marca, uma fusão ou aquisição, enfim, qualquer notícia de grande relevância e impacto é também um sinal de respeito pelas pessoas que estão "na nossa casa", para que saibam antes do público em geral qualquer novidade que está prevista para ser divulgada ao mercado, a fim de que possam se preparar, mobilizar e atuar efetivamente como representantes da empresa.

Nesse cenário, a comunicação passou a ser fator estratégico e fundamental, justamente por estabelecer o elo entre a empresa e os seus funcionários. E é o respeito entre as partes que vai atestar a qualidade dessa relação e sustentar todos os processos internos da empresa. A comunicação, por ser a ponta de lança percebida dessa relação, precisa refletir e cultivar esse respeito no dia a dia.

Afinal, o que as pessoas esperam do trabalho? Podemos enumerar: respeito e confiança; controle sobre o que fazem; prazer na atividade; oportunidade de realizarem um bom trabalho; interações agradáveis com os colegas; tratamento justo; a possibilidade de uma maior qualidade de vida; orgulho do que fazem e de suas realizações; e a eterna vivência de aprender.

Para se chegar a esse patamar, o discurso tem de ser cada vez mais condizente com a prática. Respeitar os funcionários é uma das premissas mais importantes dos processos de gestão e de comunicação. Respeitar suas crenças, seus valores, seus sentimentos, sua inteligência e sua capacidade de aprender. É o respeito que sustenta o processo de comunicação, potencializando a percepção da credibilidade da mensagem enviada.

O gestor precisa investir também na densidade das mensagens. Nesse processo, há uma sequência lógica:

a) Informar
b) Conscientizar
c) Formar
d) Transformar

Com essas quatro etapas, chega-se ao tão almejado engajamento da causa e à internalização da missão, da visão, dos valores e do posicionamento estratégico da empresa.

O primeiro passo é informar. Muitas vezes, porém, isso não é suficiente, é preciso oferecer dados de contexto para conscientizar e desenvolver o senso crítico. Mesmo assim, informada e consciente, a pessoa pode não ter ainda o perfil para aquela função. Assim, é necessário formar a pessoa em questões relevantes ao negócio, ao tema a ser aprofundado. Por fim, uma vez que ela esteja informada, consciente e formada, vem o processo final da transformação. E, a partir desse ponto, não há volta (é o círculo virtuoso). Se o conceito e o valor tiverem sido assimilados, a pessoa se transformou e, portanto, está engajada.

Além de serem o principal patrimônio das empresas, as pessoas – com suas crenças, valores e posturas – também são uma inestimável fonte de informações com o qual o gestor deve trabalhar. Os funcionários constituem a mais forte e diversificada fonte de diálogo e de conhecimento que uma empresa pode abrigar. É a partir dessa perspectiva que os gestores (e/ou os comunicadores) devem se mobilizar. Comunicação é um processo que, para ser executado a contento, precisa também de grandes doses de disciplina, ritmo e perseverança.

Portanto, no dia a dia da comunicação, respeito e comunicação de dentro para fora andam de mãos dadas, e devemos ter esses temas como verdadeiros dogmas em nosso planejamento de comunicação. Só temos a ganhar, como gestores, como comunicadores, como empresa e como segmento da sociedade.

Outros olhos

A área de comunicação tem lá suas recompensas, mas não espere por pódio de chegada nem beijo no final.

Em "O tempo não para", Cazuza canta que é um cara "sem pódio de chegada nem beijo de namorada". E Marina Lima, na canção "Virgem", diz que "as coisas não precisam de você, quem disse que eu tinha de precisar?"

Mais do que dois exemplos da boa música produzida no Brasil na década de 1980[1], esses

---

(1) "O tempo não para", canção que dá nome ao disco de Cazuza, gravado em 1989; "Virgem", canção que dá nome ao disco de Marina Lima, gravado em 1987.

versos, pinçados, poderiam muito bem ser adaptados ao dia a dia do profissional de comunicação. Afinal, essa é uma área que não tem pódio de chegada.

Credibilidade e reputação são pedras que você empurra morro acima todo dia e basta um tropeço para tudo rolar ribanceira abaixo. Todos os dias você está construindo o seu histórico: nos seus atos, no significado, na abrangência, na coerência, na clareza do que escreve, nos seus objetivos estratégicos, na sua base ética, nos seus propósitos. Mas não tem beijo no final, porque sempre que você fizer o correto, será tão somente o esperado.

Não importa o volume de *releases*, de campanhas de comunicação, de eventos externos, de publicidade, de ações institucionais que você realiza ao longo de um ano. Ao olhar para trás, talvez haja centenas de projetos que você liderou, em que sua equipe atuou. Mas, volta e meia, alguma coisa escapa. Num erro de digitação, você se atrapalha e em vez de dizer que o balanço deu 2,7 bilhões sai no comunicado interno 7,2 bi. Ou, numa impressão, o nome do pintor aparece com um H a mais. Ou o serviço de estacionamento após o evento atrasa, porque a rua estava encalacrada.

Comunicação é uma área que deixa um rastro aqui e ali. Não tem pódio de chegada, não tem beijo no final. Nós fazemos por saber qual é a nossa verdade naquela missão, quais os nossos objetivos pessoais e profissionais, qual o objetivo estratégico da empresa e por que queremos chegar lá.

E apesar de toda essa convicção, "as coisas não precisam de você", como canta Marina Lima. Muito profissional de comunicação acha que a comunicação é por causa dele. Mas ele sai da empresa e a comunicação continua. É claro que existe a personalidade de quem lidera os projetos. Em algumas empresas pelas quais passei, muitos projetos deixaram de existir porque estavam muito vinculados à minha forma de pensar naquele momento. Mas o fato de a empresa ter descontinuado não é motivo de orgulho para mim. Deveria ser até motivo de algumas reflexões. Até que ponto você tem de personificar a sua atuação? Até que ponto você tem de achar que tem de deixar a sua marca? Até que ponto você cria uma situação por idiossincrasia e não pela necessidade do seu cliente, seja ele interno ou externo?

Como já disse no livro *Obrigado, Van Gogh*[2], essa é uma profissão em que é inevitável lidar com frustrações. As compensações são enormes, muitas vezes pela satisfação de ver realizado algo que você vislumbrou por ter clareza do propósito. Mas é preciso saber de antemão que não tem louros, que não tem festa após o evento. Pelo contrário, quando todo mundo está indo para casa, você está cuidando da desmontagem da estrutura. Quando a revista sai, você já está pensando na próxima edição. Quando está todo mundo lendo, você já está pensando dali a dois meses. O ciclo gira muito rápido e você fica com muito pouco tempo para sorver o gostinho do bem-feito. E aí dá saudades dos beijos prolongados da adolescência.

Por isso, nosso compromisso deve ser, sempre, com a nossa consciência. Independentemente de personificarmos a comunicação em determinado grau, o importante

---

[2] Editora Peirópolis, 2007.

é fazermos o nosso melhor. Quando saímos ou mudamos de empresa ou passamos para uma nova função, o sentimento tem de ser de orgulho e dever cumprido, mesmo com todos os percalços. Não há tempo para frustrações. Porque a vida é assim. Aprendendo a cada dia.

Nessa longa estrada da vida...

Muitas vezes a soberba corporativa embaça a visão de que o fornecedor também é um stakeholder.

Estava eu em Marília, no interior paulista, para prestar serviço de consultoria, atividade que exerci durante um período de minha carreira. Os trabalhos haviam se encerrado e eu me preparava para voltar ao hotel, tomar um banho relaxante. Ao cair da noite, o celular tocou. No visor: "Ligação privada". Era uma empresa cliente. "O presidente quer falar com você amanhã às 7h30min". Eram oito da noite, não havia mais voo de Marília para São Paulo. Solução: aluguei um carro e viajei 445 quilômetros durante toda a madrugada para estar no café da manhã com o cliente.

Passado o estresse de responder rápido à demanda repentina, comecei a refletir sobre aquela situação, enquanto as placas de quilometragem iam ficando para trás.

Em nenhum momento, sequer fui perguntado se a minha agenda comportava aquele compromisso. E percebi, com a autocrítica na bagagem, que também já havia agido daquela maneira quando estava na posição de cliente.

Isso não acontece por algum arroubo de maldade. Mas, de fato, reflete a soberba corporativa, o deslumbramento de quem está por trás de uma marca renomada. Já cheguei a ouvir de colegas de trabalho, de pessoas da minha equipe, que "eles [os fornecedores] deveriam agradecer por estar trabalhando para a gente". Menos, menos... Corta o salto quinze e bota o chinelinho da humildade.

Com essa visão dos dois lados do balcão, me dei conta de como o fornecedor muitas vezes é tratado. Pior que ele, só a nota que ele entrega. Essa aí, coitada, ou não é cadastrada no sistema ou fica esquecida em alguma gaveta ou é vitimada pela falta de algum número e o contas a pagar não pode liberar. E, por vezes, o prestador de serviço sequer é avisado da pendência (o *follow up* se dá pelo extrato bancário). Quando ele liga é que comprova a existência do problema: "Ah é, a sua nota... Sabe o que aconteceu?..."

Problemas pontuais à parte, precisamos estar atentos ao fato de que fornecedor também é um *stakeholder*, portanto também um formador de opinião. E não seria exagero dizer que no mínimo 50% do nosso resultado vem, muitas vezes, da parceria com fornecedores. Porque, por mais multidisciplinar que seja a sua equipe, você não tem todas as competências instaladas.

E, de uma maneira mais filosófica, tratar o fornecedor com respeito é praticar os valores da empresa. Até porque ele tem outros clientes, família, equipe, precisa pagar os impostos, precisa honrar os compromissos com os fornecedores que ele mobiliza.

E aqui vai uma dica de ordem prática. Não se iluda: quando você sair da empresa, quem vai lhe ajudar não são os seus colegas que ficaram lá dentro, não serão seus gestores que, por contingência ou necessidade, não precisam mais de você. Quem lhe acolhe – até porque também têm interesse que você vá para outra organização – são seus fornecedores. Os mesmos que você, eventualmente, deixou sessenta dias sem pagar. Os mesmos que você não cadastrou as informações, os mesmos com quem você, às vezes, trabalhou de uma forma imperial.

Tudo bem, não vamos esquecer que essa é uma relação de natureza comercial, mas ninguém sai perdendo ao humanizá-la. Se ele lhe envia uma agenda de final de ano, por que não mandar uma agenda para ele? Por que ele é que tem de oferecer um brinde como se você fosse o grande imperador, detentor do poder, por você ser o provedor da remuneração dele? Por que não convidá-lo para almoçar e pagar o almoço? Por que não pode existir uma relação um pouco mais equilibrada nesse processo?

Na virada de 1999 para 2000, quando havia a ameaça de pane nos computadores (o famigerado *bug* do milênio), a empresa em que eu trabalhava precisava gravar um vídeo destinado ao público interno para registrar o funcionamento do sistema. E os funcionários de uma produtora, em vez de estourar champanhe à meia-noite, estavam no Centro de Processamento de Dados gravando a virada do número de quatro dígitos e o andamento das operações. É claro que cobraram por esse trabalho extra num horário um tanto quanto inusitado, mas a dedicação deles foi fundamental para a qualidade do programa exibido na tevê corporativa à época. Uma parceria assim só se viabiliza se houver respeito mútuo e não pela presunção de uma parte se achar a dona do cofre.

O organismo vivo da empresa inclui o fornecedor. Se uma parte não está bem, o todo será impactado. Eu tive de viver os dois lados da moeda para perceber que precisava ser um ser humano melhor.

O DNA da comunicação

Vamos falar de resultados? Vamos falar de negócios? Vamos falar de valor percebido da marca? Então vamos falar de comunicação, que está ao redor de tudo.

Vivemos em um mundo que já não aceita rótulos predefinidos. O que é bom agora pode não ser bom quando você terminar de ler este texto. Basta um comentário infeliz cair no Twitter, no Facebook, no Orkut, a coisa espalhar-se e... feito! Está pronto um suco de torpedo para provocar uma imagem dizimada.

As alternativas e as tecnologias de comunicação multiplicam-se velozmente e novas mídias surgem com frequência. Assim, cada vez mais a comunicação torna-se um fundamento estratégico, imprescindível para qualquer empresa navegar nas águas do agitado oceano corporativo.

Nesse sentido, é fundamental para a empresa estabelecer canais de relacionamento com todos os públicos com os quais tem envolvimento – os chamados *stakeholders*. É preciso estar ligado em tudo, de forma integrada e abrangente.

No dia a dia, relações saudáveis e sustentáveis representam um dos fatores para que uma empresa atinja seus objetivos e tenha sucesso.

E, dentre os diversos *stakeholders*, é essencial estabelecer quem são os públicos realmente estratégicos, aqueles que são potenciais parceiros na realização de negócios e/ou na disseminação de crenças e valores.

Mas a comunicação só tem sentido se estiver a favor de um direcionamento mais amplo. Seja o foco no desenvolvimento sustentável ou na reconfiguração do universo.

Há alguns elementos que são vitais ao DNA da comunicação, como alinhamento a uma causa, a valores, a crenças. Mas há outros, que abordaremos nos itens a seguir.

Convicção

Nenhuma comunicação será realmente eficaz se não estiver imbuída de convicção. E convicção não é artigo que se compra em feira ou se encomenda, ela vem dos valores, da missão, da visão e do posicionamento de uma empresa.

Para que as pessoas acreditem no que você está falando, você tem que ter a certeza, tem que acreditar naquilo que está comunicando.

Se você consegue transmitir seus ideais, seus valores, suas crenças, é mais difícil sua imagem ser construída de forma distorcida ou negativa. Pelo contrário. Sua imagem será consolidada.

Ser sustentável...

A comunicação pode simplesmente transmitir fatos e dados. Ou pode estimular a reflexão, o diálogo, o debate e a busca de mais conhecimento. A inserção da sustentabilidade no dia a dia é um bom estudo de caso, sobre o qual poderíamos falar horas e horas. Há estudiosos, curiosos e entusiastas que ainda discutem, hoje em dia, a sustentabilidade como diferencial nos negócios. No entanto, o que se percebe, no universo corporativo, é que cada vez mais a sustentabilidade está presente no posicionamento, nas estratégias, nas operações e no dia a dia das empresas. Atualmente, trilhar pelo caminho do desenvolvimento sustentável é mais do que um diferencial, é quase um imperativo, ante a postura crescentemente crítica da sociedade e a evolução da percepção sobre a importância do assunto.

Mesmo com esse grande movimento a favor, a persistência no processo de disseminação dos conceitos e das práticas sustentáveis é que pode fazer a diferença para que o desenvolvimento sustentável esteja na pauta e nos corações de todos. Para as empresas, a grande questão é como disseminar os conceitos e as práticas entre todos os seus *stakeholders* e, por consequência, contribuir para a mobilização da sociedade para o caminho da sustentabilidade. É preciso que, no trato diário, os temas ligados à sustentabilidade ganhem capilaridade, num fluxo contínuo que vai envolvendo mais e mais pessoas, empresas, entidades e instituições diversas.

Credibilidade, transparência...

A comunicação é frequentemente apontada como a responsável por garantir a disseminação das informações, iniciativas e objetivos da empresa a todos os seus públicos. Essa é a parte aparente do processo.

Mas, para haver esse fluxo, é necessário criar uma relação de confiança entre quem fala e quem ouve. Credibilidade é um fator essencial ao processo de comunicação. Parece óbvio, mas é justamente na dissonância entre o que se fala e o que se pratica que muitas relações naufragam. E o resgate, quando ocorrem eventuais escorregões, pode ser bastante difícil e arriscado.

Esse tesouro – a credibilidade – está intimamente ligado a outro item muito importante, a transparência. Ser transparente não é apenas um objetivo a ser perseguido, mas um comportamento que se manifesta no cotidiano.

Relevância...

A informação precisa ser relevante para quem a recebe.

A partir desse princípio é que se define que papel os veículos e as ações de comunicação devem cumprir.

Uma comunicação é relevante quando nos induz a pensar,

a elucubrar, a sonhar, a questionar, a planejar, a agir... E não é simplesmente mastigada, digerida e descartada ou enlatada.

No liquidificador de informações que recebemos diariamente, aquilo que nos é relevante sempre salta aos olhos.

Significado...

Esse é outro ponto crítico. Porque é no oculto do aparente – no significado contido em todas as mensagens, eletrônicas ou impressas – que os públicos de relacionamento conseguem ler a "alma" de uma empresa.

A forma também contribui na criação do significado, porém, é no conteúdo que esse se apresenta de maneira mais evidente. E o valor agregado de tudo aquilo que intencionamos passar numa comunicação pode gerar três resultados: conhecimento, atitude e ação. Afinal, só nos ligamos a uma empresa, produto ou marca se percebemos a existência de um significado.

Esse rol de requisitos do DNA da comunicação não se esgota aqui. É apenas para aguçar o apetite. Esprema as suas experiências e as suas divagações e vai achar mais.

O que interessa é que, quando todos esses elementos permeiam as ações da comunicação, um valor é criado. Ao falar para as pessoas, esse valor é percebido. E relações são construídas em bases muito mais sólidas. Forma-se assim um círculo virtuoso – o que é bom para todas as partes. "Ganha – ganha – ganha...!"

Já ouviu falar disso?

O dia em que demos bandeira

A simbologia de uma marca mostra que os fins justificam os e-mails.

Cá estou eu, em um final de semana, com mais de duas mil folhas de papel no chão do escritório da empresa. São e-mails impressos que precisam ser lidos e agrupados conforme o teor de cada um. Esse caos se instalou graças à ideia que eu tive para atender a uma solicitação do meu chefe. Contexto: a empresa em que trabalho está passando por um processo de fusão. Demanda: um levantamento para aferir qual era a maior preocupação das pessoas naquele processo de integração. Ação: resolvi mandar um e-mail para todos os departamentos pedindo que eles hierarquizassem as três maiores preocupações. Resultado: retorno de duas mil respostas. Reação: "Ai, caramba, tô ferrado". Lição: cuidado com o que você pergunta porque vai ter de lidar com a resposta.

Santa ingenuidade: no afã de encontrar uma resposta fiel não me dei conta de que essa empresa tinha muitos funcionários, diversas unidades e muitas pessoas com acesso ao correio eletrônico. Em suma: a empresa com a fusão e eu com a confusão.

Precisei trabalhar com a equipe que eu tinha e mais uns estagiários emprestados de outras áreas para catalogar as respostas. Passado o trauma logístico de aferir isso, o resultado tinha sido surpreendente: a maior preocupação das pessoas era como ia ficar a marca, incrivelmente à frente da inquietação quanto ao próprio emprego delas.

Já estavam ocorrendo vários exercícios com as unidades e com os consumidores para a definição da nova marca. Felizmente, chegou-se à conclusão de que a nova marca seria uma fusão das duas marcas anteriores. O que seria bom, pois aumentavam as chances de agradar ambos os lados dessa agora mesma moeda.

Dada a importância da empreitada, pensamos em fazer o lançamento da marca de uma maneira heterodoxa. Alguma ação que fosse bem além da mera distribuição de um *kit* "agora somos assim".

Desenvolvemos então um plano em que, para conhecer a nova marca, levaríamos para um estádio de futebol um representante de cada uma das unidades espalhadas pelo Brasil, o que significava um contingente de quase dois mil funcionários viajando, fora as pessoas da sede. No evento de lançamento, com DJs tocando, miniolimpíadas acontecendo no gramado, chega o momento do clímax. Das arquibancadas, uma bandeiraça de 40 x 16 metros é desfraldada diante do olhar de milhares de pessoas.

Com o *know-how* de integrantes de torcidas contratados para a ocasião, a bandeira foi passando pelas mãos de centenas de funcionários. Por que a bandeira? Pela simbologia de pegar, sacudir, conduzir um escudo pelo qual você torce, pelo qual você deseja sucesso. E também porque as pessoas foram ouvidas durante o processo de decisão.

Com isso, o senso de pertencimento foi aflorado, na medida em que as pessoas estavam ali construindo um novo momento da organização.

As imagens das pessoas "pegando" na marca, descendo e desfilando com ela pelo gramado foram registradas em vídeo e levadas para serem repercutidas em todas as unidades.

Em termos de *timing*, a marca foi lançada internamente três meses antes de chegar ao público externo. Esse espaço de tempo permitiu que os funcionários estivessem capacitados a responder qualquer pergunta: por que tinham sido escolhidas aquelas cores, por que aquele desenho, o que significava aquele nome. Em muitos casos, quando os lançamentos interno e externo acontecem simultaneamente, o funcionário se encontra no mesmo nível de conhecimento e consciência do público externo, o que pode gerar algum embaraço caso um cliente esteja interessado em conhecer com mais detalhes como o processo se deu.

O registro de cerca de cinco mil pessoas correndo pelo gramado do estádio com uma felicidade quase infantil não deixou dúvidas de que o lançamento da marca havia sido um grande sucesso.

Análise tática

- Aprendizado: é fundamental construir com as pessoas. Juntos somos melhores.
- A trabalheira dos e-mails valeu a pena por tornar claro qual era a maior preocupação das pessoas naquele momento de transição e para ajudar a direcionar as ações da comunicação.
- O que, num primeiro momento, pode parecer uma futilidade, uma questão estética, um oba-oba, na realidade pode carregar um significado muito forte. A bandeira, o estádio, toda a ambiência criada fez com que, de fato, aquela cerimônia ganhasse vida e um *recall* no coração e na mente das pessoas presentes.
- Adotar uma ação de dentro para fora é sempre um ato de coragem, mas que costuma ser muito bem recompensado.

Aliás, essa é uma das lições mais preciosas que absorvi em minha carreira de comunicador. Os funcionários (ou colaboradores, ou empregados, ou outra forma que a empresa os chame) devem sempre ser o primeiro público a ser envolvido em um lançamento de marca, produto, serviço, projeto... Com o público interno informado, compromissado e engajado, fica muito mais fácil ir ao mercado e à sociedade e realizar o lançamento externo. Todos os funcionários se tornam embaixadores do lançamento. Isso é fazer juntos.

O mundo atual e o *background*

Alçar voo na carreira requer conhecimentos, vivências e habilidades que ultrapassam as fronteiras do ambiente acadêmico.

Dar aulas é uma atividade que traz uma grande recompensa, pelo aprendizado diário com os alunos. Mas, por vezes, também provoca uma angústia ao percebermos que, por mais que estejam fazendo pós-graduação, MBA etc., algumas pessoas dificilmente farão sucesso no mundo corporativo. Isso porque há algumas habilidades e determinados conhecimentos que não se aprendem apenas pela via do mundo acadêmico.

A formação de um profissional de comunicação, por exemplo, requer conhecimentos que vão de geopolítica à literatura. É preciso ter repertório, bagagem, conteúdos variados à disposição, que podem ser utilizados em situações que vão desde uma argumentação corriqueira de trabalho a uma viagem de negócios.

Isso serve, no mínimo, para não ser pego de calças curtas. Como no episódio em que um amigo meu ouviu o chefe dele dizer no almoço que iria para Dubai. Diante da cara de estranheza desse meu amigo, o chefe perguntou:

– Dubai, você conhece?

Ele disse:

– Claro, dubabai, dababãe.

E aí foi uma risadaria geral no almoço. Mas, para atenuar o vexame, falou:

– Fica no Oriente Médio? É aquela cidade que tem um hotel bem moderno em formato de vela, né?

O chefe, muito esperto, para continuar a diversão e o enforcamento, continuou dizendo que ia trabalhar num projeto bacana, uma ponte sobre o rio que cruza Dubai. E esse amigo embarcou na história e, depois de meia hora, o chefe veio com a revelação:

– Só que não existe rio em Dubai.

Portanto, é condição *sine qua non* investir na formação acadêmica, mas, para galgar degraus na carreira, é fundamental não perder de vista o quão importante são as habilidades duráveis – aquelas que não ficam datadas ou obsoletas, como a capacidade de conduzir uma reunião, de liderar pessoas, de falar em público, de mobilizar equipes. Sem contar que conhecimentos não se adquirem apenas nas escolas ou nas faculdades. Pesquisas, leituras de periódicos, livros, internet... Fontes variadas existem, e devem sim ser usadas sem parcimônia.

O profissional de comunicação não pode ser alienado ou especialista que só fica falando daquele assunto. Ele precisa investir em cultura, fazer um curso sobre cinema, conhecer música, artes, se aprofundar em geopolítica, ter um posicionamento político para se fortalecer como cidadão, entender um pouco de economia, conhecer os dilemas da sustentabilidade, saber o porquê de a Seleção Brasileira ir bem ou mal, e por aí vai.

Há muitos anos, quando ainda era trainee, ouvi de minha gestora na época um comentário muito marcante referente à importância de as pessoas terem "estofo profissional". Lembro-me que estranhei aquela expressão pouco usual e, na sequência, ela com um sorriso maroto no rosto me explicou dizendo:

- Estofo é quando você senta num sofá e ele faz pufffff... te acolhe de maneira confortável, é gostoso de ficar e estar, tem categoria, qualidade e é talhado e recheado da maneira correta para o fim que se propõe. Portanto, é importante a pessoa ter todo um arcabouço de formação na área de atuação, experiência profissional significativa e principalmente uma bagagem socioeconômica e cultural que permita um diálogo e uma interface com interações positivas.

Certa ocasião, o consultor e palestrante Oscar Motomura disse que "é importante investir no nosso autodesenvolvimento, na nossa capacidade de superar nosso desconhecimento em vários campos da vida e de construir competências básicas para conseguirmos nos expressar e fazer entender, contribuindo para que ocorram diálogos mais produtivos e nutrientes".

O mundo atual exige ir além dos livros acadêmicos. É preciso sim frequentar bibliotecas (físicas ou virtuais), estar antenado com os autores, mas também conhecer as novas demandas da sociedade e, se possível, viajar. É fundamental acumular experiência e ter uma possibilidade de alçar voos mais altos na carreira profissional com esse *background*.

A ordem dos diretores altera o produto

Muitas vezes, o mundo corporativo apresenta situações que colocam as nossas convicções à prova.

Certa vez, um aluno me contou uma experiência interessante. Na empresa em que ele trabalhava, estava acontecendo uma sequência de apresentações pelo país de uma nova linha de produtos, que estavam "bombando" na pré-venda. Já haviam sido feitos seis eventos, faltavam quatro. Na véspera do sétimo evento, o pessoal da produção avisou: "Nós não vamos conseguir entregar mais nenhum desses produtos". A situação foi levada à diretoria, que mesmo assim manteve a venda.

O meu aluno, que estava envolvido no processo, retrucou junto à direção da empresa:

– Nós já vendemos milhares desses produtos, os próximos eventos podem gerar quase o mesmo montante. Eu vou vender uma coisa que eu não tenho?

Um diretor falou:

– O nome disso é *share of wallet*, um pedaço na carteira da pessoa. Se eu já garantir esse espaço, mando outro produto no lugar. Se não garantir esse espaço, ela vai usá-lo para comprar um item concorrente.

O pessoal de vendas apoiou, o pessoal de logística também, e ele ficou isolado:

– Ok, é meu papel como profissional de comunicação ampliar a repercussão disso. A gente pode ter esses itens vendidos, garantir o tal *share of wallet*, mas a gente também pode ter milhares de pessoas que se sentiram ludibriadas.

– Ah, mas aí a gente manda um item melhor.

– Opa, tá melhorando, ou, pelo menos, tá "despiorando".

– A gente manda uma carta pedindo desculpas.

– Acabou de piorar de novo. Você está pedindo desculpa por uma coisa que já sabia que estava errada? Qual a legitimidade dessa desculpa?

– A gente pode adicionar um brinde. Dizer que, graças ao sucesso de vendas acima do previsto, os estoques esgotaram-se. Aí, pedimos desculpas e entregamos um item de valor superior.

E, para completar, a frase mágica:

– Afinal, todo mundo faz isso.

De fato, quem olha pelo viés apenas do negócio pode

entender que esse material era um grande alavancador de resultados, que vivemos num mundo corporativo extremamente competitivo, de expectativas dos acionistas em relação aos dividendos etc. Já para quem olha pelo prisma da função da comunicação, é possível antever problemas com clientes, cartas com reclamações, ligações para o call center, toda a reação negativa que precisaria ser enfrentada. É incrível como no mundo corporativo algumas situações que parecem simples são, na realidade, bastante complexas, por envolverem uma série de variáveis que precisam ser equalizadas.

Por outro lado, algumas situações acabam ganhando uma proporção descomunal e a solução é relativamente simples. Após algum debate, o resultado da profícua reunião foi:

– Ora, se estamos oferecendo um item mais bacana no lugar, por que não dizer a verdade, que não temos aquele produto e estamos ofertando esse aqui que é melhor?

E assim foi feito. A história precisou passar por todas essas etapas, começando pela indignação do comunicador e pelo drama da impossibilidade de entrega até o fato voltar ao que deveria ser uma decisão tomada logo de início. Felizmente, fez-se a luz e a opção foi por surpreender positivamente os clientes.

Apesar do sufoco e do profissional de comunicação, no exemplo, quase ter sido voto vencido, aquela reunião serviu para reforçar alguns conceitos:

- Se a questão envolve ética, não existe meio-termo. Ou você é ético ou não; não há "meio ético".
- Se você toma uma decisão que não pode ser publi-

cada na primeira página do jornal no dia seguinte, não tome essa decisão.

- Se o argumento for "é o que o mercado pratica", veja se você não está diante da oportunidade de fazer justamente o que o mercado não faz.
- Se a ética não for transversal, não trabalhe nessa empresa.

Isso tudo exige uma grande ponderação. Não dá para transigir quando se trata de ética ou de nossos valores. Esses argumentos de que "todo mundo faz" ou "é assim mesmo" não podem mais servir à nossa sociedade. Temos que remar contra essa maré, se quisermos e almejarmos um mundo melhor.

Pelos ares

Nós, comunicadores, deveríamos nos espelhar no esmero com que pilotos de avião fazem o seu checklist antes de pousar e decolar. Garanto que não se trata de uma viagem da minha parte.

Na década de 1990, eu era fanático por avião. De tanto frequentar aeroportos e aviões e muitas vezes encontrar os mesmos pilotos, eu pedia para ir à cabine, fosse durante a decolagem, a aterrissagem ou até para fazer uma parte do trajeto ali dentro.

De vez em quando eu recebia um "de acordo", o que ficou absolutamente impossível depois do fatídico 11 de setembro de 2001.

Como o meu destino mais comum era Salvador, geralmente o voo fazia escala em um ou dois lugares. E o que mais me impressionava é que, diante daquele painel com "trocentos" instrumentos e indicadores, o piloto e o copiloto tinham um *checklist* que verificavam detalhadamente antes da decolagem. Próximo ao momento do pouso, eles retomavam outro *checklist* e iam ticando aqueles itens. A aeronave pousava, quem estava na escala continuava no avião e, na hora de decolar de novo, o procedimento era repetido. Assim como na hora de pousar novamente.

Eu saía dessa experiência me questionando como esses caras não enlouqueciam por fazer tantas vezes a mesma coisa. Ficava pensando no quanto repetiriam o procedimento num voo de Porto Alegre para Fortaleza. E isso todos os dias, todas as semanas...

Não acho que seja "viagem" da minha parte (sem trocadilhos) trazer essa reflexão para o mundo corporativo. O dia a dia do comunicador também tem um *checklist,* seja no *release* enviado para a imprensa, no evento que está sendo organizando, no *default* da aprovação de uma campanha publicitária ou no início de um processo de comunicação interna.

A questão é o quanto relegamos essa checagem, como se fosse uma atividade menor? Decerto tal negligência não vai fazer um avião cair, mas como trabalhamos com a reputação da empresa o tempo todo, o risco de acontecer algum desastre existe. Afinal, lidamos com o significado da palavra, com a compreensão, com a mobilização. Nossa atividade pode ajudar a vender um produto, a encantar e fidelizar um cliente, e um deslize qualquer por falta de atenção pode mandar tudo pelos ares.

Nós não temos formação, nem a cabeça muito linear, para atividades pragmáticas, mas se desenvolvêssemos essa competência, a eficácia da nossa comunicação seria maior.

Antes de enviar um *release*, qual o valor de uma checagem da informação, da checagem dos destinatários? Após mandá-lo, quão importante é certificarmo-nos do acompanhamento, da entrega e se a mensagem foi recebida e compreendida?

Em um evento corporativo, essas variáveis podem não chegar à dimensão de um painel de voo, mas certamente dá para listar de dez a vinte indicadores que serão fundamentais para que se consiga mensurar o efeito da mensagem depois.

O propósito dessa reflexão é responder:
- Como eu avalio a assertividade de minha mensagem?
- Como eu consigo medir o impacto da minha comunicação?
- Como mensurar a percepção por parte do público que recebeu minha mensagem?
- Como saber se essa ação esta gerando conhecimento, ação ou até *payback*, se muitas vezes não há venda envolvida e não tem número tangível para se conseguir mensurar?

E aqui vale a recomendação: se não houver indicadores previamente estabelecidos, não será possível aferir a eficácia da comunicação.

Aquela prancheta usada pelo piloto deveria ser adaptada ao segmento da comunicação. São os indicadores que vão garantir a qualidade daquele voo, a escolha da melhor rota, a entrega da missão que aquela viagem se propôs, que é levar as pessoas no prazo, com segurança, conforto e satisfação.

Sugiro que nós, comunicadores, peguemos emprestado um pouco dessa metodologia muito relacionada à segurança, mas muito atrelada também à qualidade do atendimento ao cliente.

As pessoas colocam os planos no ar – comunicação interna, externa, *stakeholders* –, mas não definem os seus indicadores.

Como medir, por exemplo, o sucesso de uma revista? Pela quantidade de anúncios, pelo público que atinge, pelo *target* definido previamente e que está lendo a mensagem, pelas cartas, pelos e-mails, pelo feedback positivo e negativo...

Antes que um *release* seja enviado, é necessário checar se o *mailing* está atualizado. Muitas vezes, há um rodízio de cadeiras, as pessoas mudam de veículo, e nem sempre o sistema da empresa acusa o não recebimento, pelo menos na velocidade que seria viável para executar um plano B. Três dias depois vem o e-mail: "A mensagem está retida, não chegou". Aí Inês é morta e o fato já passou.

Em eventos, é necessária a checagem via telefone. Com relação ao RSVP, que é uma coisa muito básica, as pessoas dizem: "Precisa?" Precisa. No mínimo para o evento não ficar vazio ou, pelo contrário, não dar *overbooking*. E existem outros indicadores, que vão desde pesquisas de satisfação, checagem com os palestrantes do conteúdo da mensagem, até questões mais pragmáticas, como a aprovação do local pelos convidados, etc.

Na comunicação interna, é preciso estar atento à compreensão da mensagem pelo público-alvo. Em empresas que têm lojas, fábricas, filiais, é recomendável acompanhar se o *mailing* referente às filiais que, ora estão abrindo, ora estão sendo fechadas está constantemente atualizado.

No avião, a comissária de bordo passa contando as pessoas, antes de o avião decolar. Se houver qualquer dúvida, a porta da aeronave não fecha.

Para ilustrar, certa vez fizemos um evento que tinha um forte apelo tecnológico. E para condizer com esse propósito, o convite era feito por meio de um pendrive entregue em mãos. Abdicamos de um convite via e-mail ou impresso. Ao conectar o pendrive, o convite surgia na tela, com certa bossa tecnológica. Pois bem, soubemos que muitas pessoas não conseguiram acessar a informação, que era o principio básico para garantir a presença dos convidados no encontro.

A primeira suspeita foi que uma parte dos pendrives estava com defeito. Como o produto foi comprado em volume considerável, não dava para checar um a um. Mas nos martirizamos porque pelo menos uma amostragem deveria ter sido testada. Depois, descobrimos que o problema não era no pendrive, mas sim por conta de uma incompatibilidade de linguagens e nem sempre o software na máquina do receptor permitia o acesso à mensagem. Uma coisa primária, que é pensar no composto da comunicação, mas não atentamos para o básico. Algo que equivale ao trem de pouso estar funcionando e o pneu da aeronave estar furado ou careca. Ou como mudar o software do avião e ele não conversar com o flap da asa, porque é outro sistema.

Resultado: tivemos de resgatar às pressas o e-mail marketing e o convite impresso para garantir a presença no evento cujo apelo era tecnológico. Tecnologia demais? Maravilha, desde que as pessoas tenham computador, gostem de charadinhas, saibam que o *pendrive* é para ser lido e não um brindezinho para usar quando tiver necessidade e, por fim, mas não menos importante: consigam abrir o arquivo.

Folha muito corrida

Pressa é diferente de velocidade. Em comunicação (e em gestão), muitas vezes não adianta acelerar acima dos limites da razão.

Em processos de fusões e aquisições, a palavra "sinergia" vira uma espécie de mantra. Em alguns casos, conseguir otimizar os recursos no menor espaço de tempo beira a obsessão. O princípio da sinergia é mais do que válido, entretanto, por questões de ordem prática, nem sempre ela acontece com a velocidade desejada.

Senti isso na pele. Em determinada ocasião, me vi no meio de um processo de fusão/aquisição em que uma empresa com dois mil funcionários comprou outra com dezoito mil pessoas. Com o furacão ganhando intensidade, recebo um chamado do meu chefe:

– Carlos, a empresa agora passou a ter vinte mil pessoas e não faz sentido a gente rodar a folha de pagamento duas vezes por mês. Concorda?

– Concordo.

O contexto era o seguinte: a empresa com menos gente pagava os vencimentos duas vezes por mês (40% no dia 14 e os demais 60% no dia 30). A companhia com maior contingente fazia o depósito integral no dia 30.

Voltando ao enredo, meu chefe dizia:

– Então você tem um desafio na mão. É preciso dar essa má notícia às pessoas. O pagamento não será mais duas vezes ao mês, será realizado em uma só vez.

Percebendo certa afobação em meu chefe, perguntei:

– Isso vai demandar um planejamento de comunicação. Quando o senhor vai querer implementar isso?

– Daqui a trinta dias.

Aquele prazo me deixou indignado:

– Impossível, isso leva de três a seis meses!

– Você está louco? Estou buscando produtividade. Quanto mais rápido fizermos isso, menos gente eu vou ter ocupada nessa tarefa, menos sistemas, menos processamentos, menos cálculos...

Quando percebi que a lógica ia deixar a sala, pedi licença e chamei a secretária dele. Perguntei que pagamentos ela tinha programados para o dia 14. Entre luz, celular, telefone fixo e afins, cerca de 40% dos pagamentos de concessionárias dela datavam neste dia.

– Obrigado.

Olhei para o chefe e sorri. E ele sorriu raivosamente de volta, entendendo a minha intenção.

Nesse meio-tempo chamamos o responsável de RH que cuidava de folha de pagamento e perguntamos quanto tempo levava para mudar uma conta em uma concessionária, fosse de luz, de gás, de telefonia...

– Dependendo da época do mês, isso pode levar até sessenta dias – ele disse.

Eu olhei para o meu gestor e falei que a gente precisava de pelo menos noventa dias para as pessoas não correrem o risco de ficar com débito de caixa. Nisso, me lembrei que muita gente naquela empresa tinha investido em compra de imóvel. Perguntei a esse mesmo profissional de folha de pagamento quantas pessoas tinham débito automático em financiamento imobiliário programado para o dia 14.

– Olha, não tenho essa informação de imediato, mas daqui a pouco eu consigo.

Passados alguns minutos, soubemos que eram cerca de noventa pessoas, cujo valor da prestação era amarrado ao salário. E ele falou:

– Olha, isso é mais complicado de mudar. Vamos precisar chamar a área de TI (Tecnologia da Informação), criar uma rotina e demora pelo menos uns noventa dias.

Eu olhei para o meu chefe, que não conseguia esconder a irritação, e falei:

– No mínimo três ou quatro meses.

– Tá bom, três meses.

Nesse período, fizemos a comunicação intensiva, com

todos os recursos disponíveis: mural, intranet, e-mail marketing, cartas grampeadas no hollerith, *post it* nos computadores, tevê corporativa, matéria na revista interna.

Passados noventa dias, no dia 14 do quarto mês, cerca de cinquenta pessoas ligaram para a área de RH perguntando pelo crédito do salário. Ao saber disso, o meu chefe chegou à minha baia muito chateado:

– A comunicação não funcionou.

E aqui surge uma primeira reflexão: de um universo de dois mil funcionários que tiveram um impacto no pagamento de salários, cinquenta ligaram. Será que essas pessoas ligaram porque não sabiam? Será que, no fundo, não estariam manifestando a inquietação e de certa forma a negação daquela notícia? Será que a nossa tendência não é absorver apenas aquilo que queremos absorver? Será que não partimos do pressuposto de que o funcionário não é obrigado a concordar com a notícia ruim? A comunicação é obrigada a disponibilizar a informação e os argumentos para a pessoa no mínimo entender a decisão. Se ela vai concordar ou não, é outro papo.

Uma segunda reflexão é que você não transforma uma má notícia numa boa, mas pode colocar uma boa notícia ao lado de uma má.

Até porque, nesse episódio, antes de lançarmos as ações de comunicação interna, eu perguntei ao responsável pela folha de pagamento se não poderíamos antecipar o pagamento em alguns dias. Em vez de pagar no dia 30, por que não pagarmos no dia 25? Isso minimizaria o impacto de quem ficaria do dia 14 até o dia 30 sem receber. Seriam dez dias em vez de dezesseis. Ao mesmo tempo, seria uma excelente notícia para os outros milhares que receberiam cinco dias antes do que estavam acostumados. Cálculo feito, chegou-se à conclusão de que o impacto seria pouco significativo e absorvido com certa facilidade. E assim saiu o comunicado inicial, com a má notícia para os que deixaram de receber o pagamento em duas vezes – em alguma medida, contemporizada pela antecipação para o dia 25 – e com a excelente notícia para os demais.

Muitas vezes, precisamos entender que o tempo é uma variável fundamental para assegurar a compreensão das pessoas, ainda mais quando a notícia a ser dada não é positiva. E, sobretudo, temos que ter a clareza de que os valores não podem ficar apenas no discurso. Um dos valores da empresa era respeito. E se é um valor consolidado, é preciso praticá-lo...

Fora do campo visual do chefe

O que há em comum entre o boxe, um famoso casal de bonecos e a samambaia?

Certa vez, eu trabalhei com um gestor profundamente estressado. Quando uma reunião mais complexa chegava ao fim, eu, pela minha jovialidade e ingenuidade, falava: "E aí, posso te ajudar de alguma forma?" E voltava à minha mesa com um caminhão de demandas.

O resto da equipe, especialmente um colega, começava a rir. Um dia ele me chamou:

– Carlos Parente, você já viu uma luta de boxe?

– Já. Te confesso que não sou muito fã desse esporte, mas....

– Preste atenção na luta. O lutador tem três posturas: ou ele clincha, quer dizer, gruda no adversário, fica tão próximo que não é atingido, ou ele fica rodando perto das cordas e se mantém fora de alcance ou fica na altura do jabe do adversário e acaba sobrando para ele. Você, com essa sua pró-atividade exagerada, todo final de reunião fica preocupado, se escala, fica ali na mira e aí sobra pra você.

Eu ri, às vezes achava que fazia sentido, outras não. Mas depois de virar chefe, vi que com alguma frequência é comum pegar o primeiro que aparece na frente para ajudar na emergência, para vir num sábado fechar um relatório ou para preparar um material urgente. Com o tempo, achei que as regras do boxe podiam realmente fazer algum sentido na categoria "relacionamento com o gestor".

A "sapiência" do meu colega, no entanto, não se restringia ao ringue. Além do boxe, ele depois me falou sobre outras duas posturas do mundo corporativo.

– Carlos, ainda tem a samambaia e uma outra postura que lembra muito um famoso casal de bonecos – febre entre crianças, adolescentes e até adultos no mundo todo.

Tratava-se na verdade de uma discrepante trilogia.

– A samambaia é caracterizada por aquela expressão natimorta, como se aquilo não fosse com você. Diante da explosão do seu gestor, você fica com aquela cara de samambaia, sem expressão. E não passa juízo de valor, nem positivo, nem negativo. E geralmente não é questionado, não é perguntado sobre o que acha e acaba passando batido.

– E o casal de bonecos?

– Como você deve se lembrar, eles são sempre mostrados, nas propagandas, como indefectíveis e eternos adolescentes. Então, é aquela postura que, diante de um problema, a pessoa – que muitas vezes é a responsável pela situação – solta um: "Gente, como é que aconteceu isso?" E, ao assumir essa postura, ela se isenta, e geralmente o terremoto passa ao lado. É uma posição mais arriscada, porque podem perceber a estratégia, mas, por ser uma atitude infantil, a pessoa é perdoada, porque soa como ingênua, uma coisa adolescente de quem realmente não teve a chance de decifrar a situação. Aquela colocação totalmente "nada a ver", dependendo de como for feita, pode protegê-la num determinado momento.

Sinceramente, não acho que tenhamos de adotar nenhuma dessas posturas. Tampouco concordo que a apologia do vaselina seja compatível com as exigências do mundo corporativo. Mas aquela brincadeira do meu colega serviu para eu empreender uma reflexão: ser pró-ativo é fundamental, mas isso não significa ingressar com impetuosidade em toda e qualquer situação.

É bastante salutar dar uma respirada, não entrar no ritmo do estresse do chefe ou na histeria coletiva e analisar quem são os *players* daquela situação. Refletir se a decisão tomada foi de fato a mais acertada ou se foi apenas porque não se pensou de outro modo ou porque era a mais fácil de ser tomada. É o mesmo caso do profissional de comunicação que, preocupado com a notícia, não se atém a uma análise criteriosa do cenário.

Ser bem-sucedido na área de comunicação depende de uma série de fatores: de esforço, de um bom chefe, de equipe e de fornecedores. É impossível triunfar sem um bom gestor, uma vez que se trata de uma área em que se aprende diariamente e, portanto, a troca é fundamental. Uma boa equipe para compartilhar o sucesso e o fracasso também é essencial. Os fornecedores, com competências complementares às suas, são algo providencial. Um pouco de sorte, evidentemente, ajuda. Mas há uma postura que deve ser inerente ao profissional dessa área: a disposição de fazer parte da solução, não do problema. Isso depende muito da capacidade de refletir sobre o que está acontecendo à sua volta e analisar qual a melhor contribuição que você pode oferecer, seja qual for o seu espaço e tamanho na organização.

É preciso ter em mente que você não vai acertar sempre, porém, isso também faz parte do aprendizado. O importante, nesse caso, é construir uma identidade e uma vivência com os acertos e os erros, aprendendo e tirando lições de um e de outro, para que sejamos não infalíveis, mas coerentes.

Detalhes tão pequenos de nós duas

Mais do que tecnologia e traquitanas, eventos dirigidos ao público feminino demandam muita atenção às sutilezas.

No sentido figurado, eu já tive que apagar muitos incêndios em minha vivência corporativa. Mas, certa vez, quase tive de fazer isso no sentido literal. Foi numa convenção de quatro dias na empresa em que eu trabalhava, que reuniu cerca de mil mulheres em um hotel. Dado o porte da empreitada, foi necessário quase um ano de dedicação, em termos de planejamento e providências prévias.

No meio do evento, havia um intervalo de uma hora e meia até a atividade do começo da noite.

Quando a maioria das participantes ainda estava se preparando, tomando seus banhos, o alarme de incêndio do hotel dispara. Com aquela sirene intermitente, eu saio para o corredor e chego à janela, mas não vejo nenhum sinal de incêndio. Vou à portaria do hotel:
– Pelo amor de Deus, o que está acontecendo?
– Olha, deve ter sido algum engano, o alarme disparou sozinho.

Volto ao andar e deparo com várias mulheres semivestidas ou de toalhas pelo corredor. O clima já beirava o desespero quando dou de cara com a vice-presidente da companhia, que era a minha principal cliente do evento. De bobes, ela me fuzila com os olhos:
– Resolva esse assunto.

Ao percorrer as instalações do hotel, tentando descobrir a origem do alarme junto com os funcionários, encontro uma senhora no corredor aos prantos. Ela me reconhece como um dos organizadores do evento, segura as minhas mãos e diz:
– Meu filho, nós vamos morrer queimadas? Como sair daqui?
– Minha querida, a senhora está no térreo do hotel. No limite, a gente sai pela janela, a gente sai pela porta do corredor. Mas, fique calma, porque, graças a Deus, não há motivo para chorar.

Ela me dá dois beijos, e volta tranquilamente para o seu aposento. Passados três minutos, descobrimos que o detector de fumaça de um quarto havia sido acionado pela fumaça de um secador de cabelos.

Passado o susto, o episódio foi tratado de forma engraçada até. Dissemos que a energia das pessoas, mobilizadas para alcançar os resultados, fez com que até o hotel ficasse aquecido.

Brincadeiras à parte, devo dizer que fazer um evento para um público feminino e majoritariamente mais maduro "é fogo". Evidentemente, não pelo episódio do alarme, mas porque, numa reunião dessa natureza, você percebe que o seu repertório de cuidados precisa ser revisto e readequado à necessidade desse público específico. Não que ele seja mais exigente ou menos exigente, mas por ter peculiaridades que geram demandas às quais é preciso lidar com atenção e sensibilidade.

Isso pôde ser comprovado. Após quatro dias – com dois shows, um investimento fantástico de tempo, de recursos tecnológicos e monetários –, fizemos uma pesquisa que apontou que o evento havia de fato sido um sucesso. Mas a surpresa veio nas respostas sobre do que mais as participantes haviam gostado. Nada do que aparecia nos dez primeiros lugares era ligado à tecnologia, mas sim aos cuidados com o detalhe, à sutileza e ao zelo. Para essas mil mulheres, detalhes tão pequenos fizeram toda a diferença na convenção: da receptividade do hotel, de ter viajado ao lado da amiga, de ter dividido o quarto com as colegas, do tiramissu na sobremesa, da cesta de frutas no quarto com o nome de cada uma. No final das contas, as pessoas irão lembrar-se dos detalhes, do acolhimento, do protagonismo que elas exerceram naquele momento.

Aprendi com esse evento que as mulheres trazem seis ou oito vestidos e mandam passar todos na primeira noite. Elas querem colocar os vestidos na cama e escolher qual o melhor para aquela noite. Que trazem três ou quatro malas para ficarem três dias numa convenção. E se você organizou a infraestrutura da quantidade de ônibus, da malha aérea ou de hotéis, tem que organizar também a infraestrutura dos carregadores de mala. Porque são mil pessoas com quatro mil malas. Então, tem de ter um extra de pessoas que carreguem as malas ou que passem a roupa.

Outro detalhe curioso são os bufês. Esse público demanda um número maior de sobremesas do que o tradicional. Geralmente, as sobremesas nos hotéis têm um forte apelo visual. E o tradicional cálculo de uma ou duas sobremesas por pessoa não serve de referência. As pessoas naquele momento se permitem abusar das calorias. A viagem e a convenção são encaradas como um prêmio e as participantes se liberam, como se dissessem "eu mereço".

É preciso muita atenção ao processo. E talvez esteja aí a grande diferença entre os gêneros. A mulher se liga no processo. O homem, no produto. Certa vez ouvi a seguinte definição por parte de um amigo publicitário: "O homem passa a manhã de sábado consertando o carro. Ele se suja todo de graxa e, depois de três horas, sai para mostrar para os amigos que consertou o carro. A mulher está na cozinha preparando um bolo. 'Pelo amor de Deus, fecha a porta, senão o bolo vai solar'. Pede para você sair às 11h30 para comprar creme de leite, fundamental para confeitar o bolo. Na volta, ela diz que se esqueceu de pedir para você trazer a manteiga. Você sai para comprar a manteiga. O bolo fica pronto, ela serve para todo mundo e não come uma fatia sequer. Por quê? Porque ela se liga no processo".

A recomendação é que, se você estiver às voltas com a organização de um evento para o público feminino, fique ligado nos detalhes do processo. Não é à toa que Roberto Carlos diz que "detalhes tão pequenos de nós dois são coisas muito grandes para esquecer". O produto logicamente é importante, mas o processo é que vai dar o diferencial daquela atividade.

Ao Bonfim por um bom fim

Como a celebração de uma campanha de incentivo poderia ter sido um estouro.

No meio acadêmico, quando se fala em organização de eventos, a pedra de toque é o planejamento. É preciso rigor em cada uma das etapas: ter clareza do briefing, contratar bons fornecedores, estudar alternativas, analisar detalhes e fazer visita técnica para identificar os pontos fortes, as questões críticas e as oportunidades que o local do evento oferece.

É assim que funciona, também, na vida real. Quem trabalha com evento no mundo corporativo está acostumado a visitar previamente as locações e observar aspectos como quantidade de lugares ou de espaço, entrada e saída de veículos, acústica, condições de suporte eletrônico (telas, projeção, etc.), iluminação, condições dos banheiros, entre outros itens.

O que não aprendemos na escola é que apenas um bom planejamento não garante o sucesso de um evento. É fundamental a *performance* do acompanhamento do evento, e que haja uma sintonia de energias para que tudo dê certo.

Certa vez eu ouvi de um aluno que, sempre que começava um evento que ele organizava, um procedimento era indispensável: rezar. E brincava que no *slaid* da faculdade deveria ter "planejamento", "fornecedores", "orçamento", "acompanhamento", "controle" e "reza".

Eu fiquei intrigado com aquele comentário.

– Por que rezar?

– É para entrar em sintonia com o bem comum, rezar para que o som funcione, que ninguém da diretoria fique preso no trânsito antes da coletiva, que o vídeo entre na hora correta e com o som correto, o que é uma coisa raríssima.

Evidentemente, um profissional assessorado por equipes e fornecedores competentes – e principalmente com um bom planejamento – vai fazer a entrega correta. Mas quer saber? Meu aluno tem razão, eu não abriria mão da reza.

Eu mesmo já apelei à esfera divina. Certa feita, eu organizava um evento de encerramento de uma campanha de incentivo. Era um evento para cerca de duas mil pessoas, realizado em São Paulo, sendo que metade desse contingente vinha de outras regiões do Brasil. A logística envolvia aviões fretados, translados no aeroporto e todo o aparato necessário para transportar as pessoas para o local do evento – uma casa de show. Após a premiação, haveria o show de uma banda que fazia muito sucesso na época.

Havíamos começado o planejamento quatro meses antes (esse é um lado cruel da organização de evento, porque ele dura quatro horas e você trabalhou um ano, quatro meses ou quatro semanas, nunca quatro dias). Por outro lado, marketing de incentivo é um campo muito interessante para o profissional de comunicação corporativa porque, ao comemorar uma campanha, os gastos são ancorados num investimento que obteve retorno.

A premiação final previa que todos os funcionários da unidade vencedora ganhariam um carro zero quilômetro – prêmio definido após a realização de uma pesquisa com o público interno, jovens em sua maioria. O concurso teve cinco finalistas e o campeão só seria anunciado na hora do evento.

A campanha havia se baseado em valores ligados aos esportes: o trabalho em equipe do basquete, a energia do vôlei, a perseverança e o esforço do atletismo, etc. Ao longo do ano, fomos sustentando a mobilização e a energização da campanha com esses atributos olímpicos.

Planejamento feito, orçamento batendo ali nos trinques, chegava o momento de discutir como seria a entrega desse prêmio. Um membro da equipe sugeriu: "Nós poderíamos levar um carro para lá. Na hora em que fosse anunciado o vencedor, o prêmio estaria exposto no palco". Discutimos com o pessoal da casa de show se o palco suportaria o veículo. Mesmo com a resposta positiva, observamos que ocuparia muito espaço e prejudicaria um pouco as atividades programadas no palco. Aí esse mesmo colega disse: "Nós entramos com o carro na hora da premiação". E, como a campanha tinha a ver com esporte, outro colega comentou: "Vamos chamar uns halterofilistas para carregar o carro". Seria o clímax da apresentação, o carro conduzido até o palco pela força humana, em reconhecimento ao esforço dos competidores.

A ideia parecia legal. Mas as dificuldades na realização apareceram na sequência. A começar pelo carro. O modelo era tão objeto de desejo que havia sumido das concessionárias. Por contrato, havia a garantia de entrega do carro para trinta dias após o evento, porém faltava uma amostra para a noite da premiação. A solução foi "caçar" um proprietário trafegando na rua e oferecer um valor de aluguel de um dia. "Pelo amor de Deus, me empresta o seu carro". Fizemos o contrato a toque de caixa.

Bem, o que tinha de ser carregado já estava garantido. Agora era só levantar, certo? Nada disso. Carregar um carro não é simplesmente: "Vamos lá, galera, dois pegam pelo fundo e quatro pegam pelo lado". Não é assim. É preciso colocar um ferro por baixo em cada roda e carregar lateralmente, o que significa a necessidade de uma área quatro vezes maior que o veículo para a empreitada. E mesmo com essa estrutura, quando foram pegar o carro pela primeira vez, os halterofilistas quase arregaçaram a lataria do possante.

Como a materialização do prêmio era a coroação daquele esforço, mantivemos a ideia, mesmo sabendo da enorme dificuldade em abrir passagem entre aquelas duas mil pessoas. Fomos em frente.

Meio do evento, o presidente havia falado muito bem, o vídeo entrado certinho, premiação se desenrolando, chega o momento do clímax. Um ator famoso que ancorava o evento enfim anuncia a entrada dos halterofilistas com o prêmio. Os saradões vão entrando com aquele carro envolto em um laço de fita enorme e as pessoas absolutamente surpreendidas.

Com imagens de Michael Jordan, de Bernardinho, do Guga, projetadas no telão, o carro vai avançando em direção ao palco. Nisso, toca o meu telefone. Era o meu chefe:

– Carlos, o carro tem combustível?

Dado o barulho, eu não entendi bem a pergunta.

– Como assim?

– Vocês verificaram se o carro está com combustível no tanque?

Eu respondi:

– Claro, a produção checou isso – disse, tranquilizando-o. Ao desligar, chamei uma pessoa da empresa contratada para fazer a produção:

– Vedou o cano de descarga? Esvaziou o tanque de combustível?

E a cara de perplexidade da pessoa me deixou atônito, porque ali eu percebi que esses detalhes haviam passado batido. E o carro no meio do caminho. Deste ponto até chegar ao palco, a travessia durou uns nove minutos (os nove minutos mais longos da minha vida). Eu ficava imaginando se poderia ter um cigarro, se a fricção causaria algum problema. E cheguei a pensar que aquela festa poderia ser de fato um estouro.

Como baiano, me lembrei de um hábito famoso entre os vestibulandos de Salvador, que, ao entrarem para a faculdade, caminham em agradecimento até a Igreja do Bonfim, na Cidade Baixa, o que pode ser um trajeto de alguns bons quilômetros, dependendo de onde a pessoa more.

Assim como meu aluno, fiz ali uma promessa que, se não acontecesse nenhum infortúnio, a próxima vez que eu fosse a Salvador visitar minha família eu caminharia e subiria a escadaria do Bonfim.

Os minutos passam, o carro sacoleja, os halterofilistas vão abrindo caminho. O carro chega ao palco, as pessoas aplaudem, é anunciada a equipe vencedora: catorze funcionários. Eles entram no carro, buzinam, um sucesso absoluto: prêmio materializado, diretoria eufórica, *payback* garantido pelo formato da campanha, tudo terminou muito bem. Depois, falando com o pessoal da produção, descobri que era o contrário, quanto mais vazio o tanque, maior o risco de fricção. Porém, conversando com um colega que trabalhava numa montadora, ele falou: "Carlos, relaxe, esse tipo de coisa é muito difícil de acontecer. Se não, qualquer batidinha na rua, o carro explodiria".

O meu grande aprendizado é que muitas vezes nos apaixonamos pela ideia, e no objetivo de garantir a entrega, podemos incorrer em erros ou na não observação de detalhes que podem comprometer o resultado final. E olha que esse projeto tinha diversos itens checados e rechecados: brigada de incêndio, duas ambulâncias, local próximo de um hospital conveniado, sinalização nas escadas, estrutura para cadeirantes. Não que a segurança tivesse sido negligenciada, mas talvez na hora de colocar a cereja do bolo, esquecemos de olhar o prazo de validade do confeito. E aí quem come a cereja pode lembrar-se disso eternamente, digamos...

O que poderia ter sido feito no nosso caso? Um vídeo do carro, por exemplo, não diminuiria o impacto do prêmio. A própria dificuldade em conseguir o carro talvez tenha sido uma sinalização de que não deveríamos ter continuado. Sem querer ser esotérico, muitas vezes devemos ler os sinais e ver que aquela ideia está se tornando tão complexa que talvez fosse o caso de revê-la. E, como consequência, lidar com as pessoas e especialmente com a frustração do criativo.

De fato, evento é planejamento, mas é também estar com a sintonia positiva e encontrar alternativas criativas à ideia original, que pode ter um preço que não valha a pena.

Alguns pontos precisam ser pensados com clareza: afinal de contas, o evento é para você ou para as pessoas? Você quer satisfazer um desejo seu de ver a sua ideia lá ou quer a gratidão, o reconhecimento, a alegria, a celebração, a vibração do público para quem você está trabalhando? Isso vale para uma coletiva, para uma ação de responsabilidade socioambiental, para um evento interno. É necessário fazer um exercício empático e deixar o ego de lado para perceber que a satisfação do público é o seu objetivo primordial. Se aquela sua ideia genial não pôde ser realizada, paciência, desde que o cliente na ponta esteja satisfeito com a sua entrega.

Em eventos, a maioria dos contratempos dá para resolver na hora. Por exemplo: se faltou piso antiderrapante na escada para o palco, você coloca uma recepcionista para pegar na mão da pessoa. São deslizes que, com agilidade, atenção e foco, podem ser consertados em segundos. Não no caso desse veículo, em que "o alarme" disparou no meio da travessia. É como se o barco estivesse no meio do rio e se percebesse que não havia coletes salva-vidas suficientes. Poderia não acontecer nada. Mas também não dava para parar e voltar.

Não se trata de ficar paralisado, achando que tudo pode dar errado. Aliás, é preciso cuidado para não temer e atrair o que você teme. Agora não é só rezar também. Se você não fizer a sua parte, não adianta delegar ao escopo divino o planejamento que sua equipe e seus fornecedores não tiveram. Muitas vezes, você vai percebendo que o processo está difícil. É a vida dando o sinal. Analise isso, interprete, não fique simplesmente focado na tarefa esquecendo o composto que está em volta.

No nosso episódio, a aflição dos nove intermináveis minutos aconteceu porque eu estava impotente durante o processo. Desde então, eu busco sempre analisar se, durante um evento, haverá alguma parte que eu não venha a ter controle. Se houver, sempre questiono se eu devo realmente desenvolver aquela atividade. Mas, infelizmente, naquele momento não havia nada a fazer, a não ser lembrar do meu aluno e rezar.

Obrigado, meu Senhor do Bonfim!

Para refletir no cafezinho:

- Quando uma ideia é concebida, muitas vezes o criador se apaixona pela criatura. E por mais brilhante que seja a ideia, é preciso uma análise criteriosa para ver se ela pode ser, de fato, viabilizada.

- Muitas dificuldades podem ser um sinal para reavaliar a ideia original. Veja se não existem alternativas criativas que possam proporcionar o mesmo efeito.

- Não planeje algo que possa fugir inteira ou parcialmente do seu controle. Jamais perca de vista a pergunta: o evento é para você ou é para as pessoas?

Era uma vez...

Não é fábula: contar histórias pode ser um recurso bastante eficaz na comunicação corporativa.

"Se não há por que mudar, não há por que educar." Essa é uma frase de que gosto muito, por ser totalmente aplicável a processos de mudanças, principalmente aqueles feitos de dentro para fora.

Um aspecto que vem me mobilizando nos últimos anos é perceber como o aluno tenta transpor a experiência do aprendizado para o mundo corporativo. O fato é que as pessoas aprendem de formas diferentes. Tem gente que aprende mais com estatística. Tem gente que aprende com testemunho, que pode ser de um colega que fez aquela coisa no passado ou de um especialista num determinado tema. Cada um tem a sua peculiaridade no processo de apreender a informação.

Quem atua no meio acadêmico está sempre diante de um público com características diversas e precisa fazer um grande esforço para passar a informação que gera um aprendizado, que, por sua vez, produz uma transformação nas pessoas. Por que os processos de comunicação na empresa não consideram essa premissa? Temos que levar em conta, sempre, que as pessoas entendem de forma diferente, têm estilos diferentes, que a cultura da companhia vai determinar a linguagem e que o perfil do negócio vai influenciar o estilo de falar.

Ultimamente, um conceito tem me chamado a atenção, o *storytelling*, o ato de contar histórias. Já há organizações que lançam mão desse recurso para diversos fins: passar a estratégia, o objetivo, a missão, os valores. É um conceito que já vem povoando muitos briefings pelo mundo afora.

Como tem sido demonstrado pela própria humanidade, a história tem o poder de se perpetuar. E esse atributo pode ser bastante útil na comunicação corporativa. Ao contar a história, a informação fica contextualizada e a pessoa guarda o conceito. Já se ele for apenas passado sem estar amarrado ao que acontece no dia a dia, o que era conceito se torna apenas mais um e-mail, mais um cartaz, mais um *release*, mais um anúncio de página dupla que vai passar despercebido diante do volume de informação que as pessoas recebem diariamente.

Digamos que você está lançando um projeto de sustentabilidade na sua organização. Para não ficar no discurso batido do *triple bottom line*, imagine colocar as pessoas que lideram práticas reconhecidas de sustentabilidade para passar esse conceito para as demais. A informação virá de forma convergente de vários departamentos, em que todos se verão representados, e terá a credibilidade da fonte, da origem daquela prática. É diferente de uma informação corporativa centralizada que vira um fôlder ou um relatório anual.

Cabe à comunicação, com metodologia, capacitar esses gestores no *storytelling*, estejam eles na fábrica, numa equipe de vendas, num *call center* ou na alta diretoria da empresa e, dessa forma, permitir que eles tenham acesso a uma estratégia de comunicação. Dois grandes benefícios podem resultar dessa ação: potencializar a credibilidade dos gestores como transmissores da informação e facilitar a compreensão das pessoas de uma maneira mais lúdica, mais leve e menos formal. Cá entre nós, um expediente nada desprezível nos dias de hoje, em que se luta por qualquer segundo de atenção.

As pessoas e os números

É no estabelecimento da relação entre esses dois universos que pode estar a chave de uma comunicação realmente estratégica.

Certa noite, uma aluna minha chega à faculdade com cara de choro, de farol baixo. Perguntei logo o que havia acontecido.

– Você não imagina. Eu vou ter de colocar na capa da revista interna o presidente segurando o autorretrato dele. É ele com ele na capa da revista. O que eu faço?

Eu olhei para ela e falei:

– Reza! Reza, porque definitivamente você não pode fazer nada.

– Mas por que isso acontece?

– Talvez por ego, excesso de vaidade e, principalmente, por sua área não ser vista como estratégica, mas sim como pontual, como periférica. Por isso, você acaba passando por situações desse tipo, em que vai acabar tendo de botar o presidente com o seu clone na capa da revista interna e vai ter de administrar essa frustração.

Esse não foi um fato isolado. Depois de anos como docente, é significativa a quantidade de alunos que diz: "minha área foi reduzida", "na primeira crise, o meu veículo foi cortado", "diminuíram o nosso orçamento", "disseram que a nossa área não é estratégica".

Na hora de reduzir despesa, uma frase de um presidente de empresa que eu adoro é: "Ou você aumenta a ponte ou diminui o rio". Sendo a ponte, no caso, a receita e o rio, a despesa. Como aumentar a ponte sempre é complicado, num mercado que está constantemente oscilante, é preciso diminuir o rio, por onde escoam as despesas. Mais recentemente, na crise econômico-financeira mundial, as estruturas de comunicação sofreram um impacto muito grande. Muitas áreas foram reduzidas a um número mínimo, várias foram terceirizadas e outras tantas simplesmente suspenderam seus veículos. Isso contrasta com o discurso de que a comunicação é estratégica, que é diferencial competitivo. Na hora do "vamos ver", uma das primeiras áreas a serem esquartejadas é a comunicação. Onde fica o discurso do estratégico com a prática?

A primeira reflexão: para a área ser estratégica, ela tem de falar de estratégia. Não adianta ser apenas informativa, comunicar somente a entrega da carteirinha do plano de saúde, o novo benefício da previdência privada, a data das férias coletivas, organizar a coletiva de imprensa, preparar as cartas dos brindes corporativos de Natal, etc. Isso tudo é importante, faz parte do composto da comunicação, mas definitivamente não é estratégico.

E os alunos costumam argumentar: "Em se tratando de comunicação interna, eu não posso falar de estratégia, senão o concorrente vai saber". E aí eu faço uma segunda reflexão: O que o seu concorrente ainda não sabe de você e o que você não sabe do seu concorrente? Uma vez, ouvi do consultor José Carlos Teixeira Moreira que só há duas coisas que o concorrente não sabe: o salário do *boy* e o salário do presidente, que é melhor não saber para você não ficar deprimido, nem ambicioso demais.

De resto, você sabe tudo do seu concorrente. Com as redes sociais, com a mídia, com a web 2.0, com as pesquisas, as informações estão disponíveis. A não ser que seja um segredo industrial, um projeto, um terreno comprado que ainda não está registrado, esse mito de que "não posso escrever, porque o concorrente vai saber da minha estratégia" acaba prejudicando o público, que não tem acesso à informação. Dessa forma, a área fica informando um bocado de coisa, mas que não é estratégica.

Um exemplo pontual é a divulgação dos balanços. Muitas áreas de comunicação não exploram positivamente o resultado de um balanço como se poderia. De que jeito? Fazendo a análise daqueles dados, tecendo comentários, traduzindo aqueles números para o dia a dia, construindo a ponte da compreensão de que aquele esforço coletivo gerou aqueles números. Os resultados podem ser humanizados, em vez de serem "coisificados" com conquistas absolutamente numéricas. É possível dizer: "Graças às pessoas, ao nosso planejamento estratégico, ao esforço coletivo, ao departamento A ou B, à melhor compreensão do público consumidor, à pesquisa de mercado que me trouxe subsídios...". Assim, eu consigo fazer o *debriefing*[1] do balanço e posso fazer com que as pessoas compreendam e se situem em relação a onde a empresa está, de onde ela veio e onde quer chegar. Contudo, muitas vezes o balanço é divulgado na intranet, é mandado em um *release*, publicado no jornal por uma questão legal, mas eu perco a oportunidade de trabalhar estrategicamente e me valorizar como área, fazendo um comentário analítico ou reflexivo sobre determinado número. Se ele é bom, explorando as potencialidades, se não é tão bom, pontuando questões mais críticas, e dizendo que alternativas a empresa está articulando para caminhar para a frente. A questão da estratégia é definitivamente de posicionamento, de coragem e de clareza de propósito do gestor da comunicação.

É claro que a comunicação tem um foco nas pessoas, mas é fundamental agregar um arcabouço de negócios. Vejamos rapidamente o discurso da sustentabilidade, do *triple bottom line*, do econômico, do social, do ambiental. Vale observar que a maioria das empresas faz campanhas internas ou ex-

---

[1] O *debriefing* é o momento de analisar os resultados alcançados, as experiências vividas no processo de comunicação, o aprendizado alcançado. E, a partir daí, entender as razões que contribuíram para esses resultados. É como se fosse um briefing ao contrário, ou seja, vamos analisar aonde chegamos tentando entender de que forma chegamos.

ternas ligadas ao meio ambiente e à questão social. Porém, pouco se fala ainda do pilar econômico. E não que ele tenha importância maior ou menor que os demais, até porque é um pilar – e os três são necessários. Mas ele é relegado, porque talvez não tenha o glamour e a urgência da causa do aquecimento global ou não tenha o efeito do sorriso de uma criança que foi beneficiada por uma ação social da empresa. É o pilar econômico, entretanto, que vai dar sustentação ao seu discurso e perenidade à empresa.

Tudo liga tudo. Somente a empresa que tenha uma gestão consistente, com um bom planejamento, uma governança bem alicerçada e uma administração adequada, aliadas a ações socioambientais transformadoras e estruturantes, pode sonhar alto. Pode pensar em continuar competitiva no mercado, ser perene. Pode acalentar o desejo de continuar a existir, obtendo resultados sustentáveis e não a qualquer custo. Eis um caminho.

Raízes que nos unem

Não há como ter valores e crenças sem ter fortes raízes que nos sustentem.

No mundo corporativo em que vivemos e atuamos hoje, o que vale agora talvez já tenha mudado amanhã, tamanha a velocidade das mudanças e a voracidade por mais conhecimento, mais novidade, mais tecnologia, mais entretenimento, mais tudo.

Nessa turbulência incontrolável, nossos alicerces estão cimentados e reforçados por nossos valores e por nossas crenças, que nos remetem às nossas raízes, aquilo que nos prende à vida.

Mas que raízes estão presentes em nossas vidas?

Falando "botanicamente", a raiz é um dos três principais órgãos de uma planta. Os outros são o caule e a folha. As raízes servem para fixar a planta no solo. Também absorvem a água e os minerais (essenciais!) de que ela necessita para crescer. Além disso, muitas raízes armazenam alimentos que o vegetal utiliza mais tarde. Podem ser de vários tipos: aéreas, aquáticas e subterrâneas. Uma raiz forte e profunda é a garantia de sobrevivência, crescimento, firmeza e produtividade de uma árvore ou de uma planta.

Falando culinariamente, as raízes sempre foram utilizadas como remédio e como alimento. A função medicinal era a única atribuída pelos gregos e romanos ao aipo que, hoje em dia, refresca pratos sofisticados. O gengibre era usado pelos marinheiros chineses como alívio de enjoos marítimos; atualmente, as propriedades medicinais do gengibre estão comprovadas e a raiz continua sendo utilizada em casos de enjoo e problemas digestivos. Além disso, conta a tradição oriental que o aroma do gengibre aumenta a confiança e a determinação...

A cenoura contém alto teor de betacaroteno, transformado pelo organismo em vitamina A, que ajuda a combater infecções e mantém a vitalidade da pele e dos cabelos. A beterraba é rica em ferro, somado ao potássio, ao magnésio e à fibra, que enriquecem o valor nutricional dessa raiz, essencial para o bom funcionamento do fígado e regeneração de suas células. E tem ainda nossa amiga mandioca, e por aí vai.

Falando culturalmente, a importância das raízes culturais de um povo é imensurável, no sentido da afirmação de sua identidade, da pertinência a sua região. As raízes servem para manter vivos o conhecimento, a memória e as origens.

Falando sociologicamente, raízes são vínculos, tudo aquilo que nos prende a alguém, a alguma coisa, a um lugar, etc. São laços necessários e importantes em nossas vidas.

Se as raízes são o que nos fixa, nos dá a base de sustentação e nos dá alicerce, nossos valores e nossas crenças são o que nos impulsiona no dia a dia. Representam o nosso tronco. As folhas e/ou frutos são o que reverbera, são as nossas atitudes, as nossas ações, as nossas iniciativas.

Para ter atitudes e comportamentos que nos orgulhem, temos que ter nossos valores e nossas crenças. E, para ter valores e crenças, temos que ter nossas raízes. Simples assim.

No DNA de nosso comportamento empresarial fortes raízes nos unem, com bases e premissas comuns. Os valores expressam isso no cotidiano e no nosso ideal de uma vida melhor e um mundo melhor. Não adianta dizer que somos adeptos do desenvolvimento sustentável na empresa e, quando saímos na rua e nos deparamos com o primeiro farol fechado, jogamos lixo na rua...

Os valores são aquilo que praticamos a cada dia. E isso só é possível com fortes raízes.

Nos processos de comunicação empresarial, os valores corporativos são a essência que molda e dá consistência às ações de comunicação. Os valores são as raízes que impedem distorções ou descaminhos no planejamento e na execução das ações, e estão sempre em nossa consciência em fases de experimentação, avaliação ou mudanças. Os valores nunca nos deixam.

As raízes estão dentro de nós, a tudo assistem e tudo veem. Não podem ser arrancadas nem diláceradas. São a nossa sustentação e o nosso norte. São as raízes que nos dão força, inspiração e coragem para ir em frente enfrentando dia a dia os desafios do mercado.

Um antídoto para o mal do mundo

Pisou na bola? Defendeu o lado errado na decisão de um projeto importante? Está desesperado por conta de uma falha – sua – do tipo "injustificável"? Seus problemas acabaram!!!

Quando algo dá errado, muito errado, tão errado que não tem explicação aceitável, em vez de um "foi mal, fiz uma bobagem, desculpa", o responsável vem e diz: "Sabe o que é? Tivemos um problema de comunicação..."

O mundo corporativo é assim. Fez alguma coisa. Decidiu e deu errado. Ou esqueceu o que deveria ter sido feito. A bola de segurança é: "Tivemos um problema de comunicação".

A fórmula é multiuso, pode ser aplicada tanto

para a comunicação oficial, corporativa, como para a comunicação interpessoal, face a face, por telefone ou via internet, nas redes sociais e e-mails disparados a torto e a direito.

O que não faltam são situações para disparar o bordão surrado. Por exemplo, demitiu o sobrinho absolutamente incompetente do principal acionista – só que você ignorava a sua condição de parentesco privilegiada? A resposta óbvia ao ser cobrado pelo seu chefe pode ser: "Nunca demiti! Houve um problema grave de comunicação, a ficha que eu mandei para o RH era de promoção com aumento!"

A assessoria de imprensa manda para todos os jornais um *release* em que o presidente afirma com todas as letras que não haverá corte de funcionários depois da fusão. Os jornais publicam a afirmação junto com uma nota do sindicato denunciando demissões em todo o Brasil. Não tem problema, cancela o contrato da assessoria "que errou" e chama outra para prontamente fazer uma nova nota e publicar um anúncio explicando o "problema de comunicação" ocorrido pela má interpretação dada às palavras do presidente.

Uma cliente reclama que o creminho antiacne deixou sua face com jeito de pimentão – e cliente insatisfeita sempre tem razão. O call center disse que iriam "estar providenciando" há três meses e nada. Aí foi para um jornal que publicou fotos, a transcrição com a fita gravada, número de protocolo e tudo o que tem direito. Qual é a resposta da empresa que não quer ficar com o SAC cheio? "Problema de comunicação": o atendente colocou um "x" no campo errado e o processo foi para a área inapropriada e teve um encaminhamento inadequado e uma solução insatisfatória. Mas tudo deságua ali: "problema de comunicação".

Seja qual for a área da empresa, sempre que um fato inexplicável e inaceitável tiver que ser explicado ou, pior, compensado à altura da gravidade da falha, virá "A" explicação: "problema de comunicação!".

O clichê é tão consagrado quanto aquela declaração de que "o patriotismo é o último refúgio dos canalhas", atribuída a Samuel Johnson, em 1775.

Parafraseando, podemos assumir que o "problema de comunicação" é o último refúgio da desculpa esfarrapada gerencial e corporativa.

Esteja certo de que, onde e quando essa explicação aparecer, está em curso uma tentativa de mascarar um problema muito maior e mais sério: o problema do comunicador.

Conclusão: se você leu até aqui e discorda radicalmente, com certeza manda mais do que eu e pode me prejudicar de verdade; não tem problema, desminto tudo já e reformulo. Afinal, com certeza, o que aconteceu foi só um "problema de comunicação".

Ou não?

Sobre o autor

Carlos Parente é graduado em Administração de Empresas pela Universidade Federal da Bahia (UFBA), com MBA em Marketing pela Faculdade de Economia e Administração Universidade de São Paulo (FEA-USP). Possui um sólido histórico de experiência em Comunicação Corporativa, Marketing e Relações Institucionais, participando e liderando processos de comunicação estratégica, inclusive com experiências internacionais.

Também atua como professor de Comunicação e Responsabilidade Corporativa e de Marketing no MBA de Marketing da FGV, e nos cursos de pós-graduação da ESPM e Anhembi Morumbi. Publicou o livro *Obrigado, Van Gogh*, de comunicação empresarial pela Editora Peirópolis.

chparente@terra.com.br

CTP, IMPRESSÃO e ACABAMENTO
26410

Av. Alexandre Mackenzie, 619 - Jaguaré - SP - CEP 05322-000
Tel.: (11) 2799 7799 (PABX) - ramais 1408 - 1411 - São Paulo - Brasil